*"You can shake the sand from your shoes,
but it will never leave your soul."*

© 2019 Bettina Rittler, Tanja Riedinger
Illustrationen: Tanja Riedinger
Umschlag: Tanja Riedinger, Olivia Haller
Lektorat, Korrektorat: Bekannte und Familie

Einige Fotos wurden zur Verfügung gestellt von: Weda Köhler, Veronika Eisele, Steffen Haun.

ISBN **978-3-00-062472-8**

Zum Schutz der Privatsphäre sind ein Großteil der Namen im Buch durch fiktive Namen ersetzt worden.

Das Werk, einschließlich seiner Teile, ist urheberrechtlich geschützt. Jede Verwertung ohne Zustimmung der Autoren ist unzulässig. Dies gilt insbesondere für die elektronische oder sonstige Vervielfältigung, Übersetzung, Verbreitung und öffentliche Zugänglichmachung.

Die Benutzung dieses Buches und die Umsetzung der darin enthaltenen Informationen erfolgt ausdrücklich auf eigenes Risiko. Die Autorinnen können für etwaige Unfälle und Schäden jeder Art, die sich bei der Umsetzung von im Buch beschriebenen Vorgehensweisen ergeben, aus keinem Rechtsgrund eine Haftung übernehmen. Rechts- und Schadenersatzansprüche sind ausgeschlossen.
Das Werk inklusive aller Inhalte wurde mit größter Sorgfalt erarbeitet. Der Verlag und die Autorinnen übernehmen jedoch keine Gewähr für die Aktualität, Korrektheit, Vollständigkeit und Qualität der bereitgestellten Informationen, ebenso für Druckfehler. Für die Inhalte von den in diesem Buch abgedruckten Internetseiten sind ausschließlich die Betreiber der jeweiligen Internetseiten verantwortlich. Die Autorinnen distanzieren sich daher von allen fremden Inhalten. Zum Zeitpunkt der Verwendung waren keinerlei illegalen Inhalte auf den Webseiten vorhanden.

Bibliografische Information der Deutschen Nationalbibliothek:
Die Deutsche Nationalbibliothek verzeichnet diese Publikation in der Deutschen Nationalbibliografie; detaillierte bibliografische Daten sind im Internet über http://dnb.d-nb.de abrufbar.

Tanja Riedinger & Bettina Rittler

Merci liberté
Spontan unterwegs mit Pferden

Ein Reisebericht und Ratgeber
zum autonomen Wanderreiten und Säumen.

Ich bin Bettina Rittler, geboren 1999.
Von klein auf liebe ich die Natur und die Tiere, sowie das Schreiben und Fotografieren.
Nach meinem Abitur wollte ich für ein Jahr die Welt entdecken und so kam es zu dieser besonderen Reise.

Mein Name ist Tanja Riedinger, ich bin 1998 geboren.

Pferde sind meine Passion, ich liebe deren Ursprünglichkeit und Freiheit.
Auch Filmen, Zeichnen, Turnen und Musizieren bereitet mir große Freude.
Ich liebe es, Neues zu lernen und zu entdecken.

Für alle Träumer in dieser Welt.

Für die Verrückten, die schon immer ein bisschen anders waren.
Für die für-immer-mit-dem-Pferdevirus-Infizierten.
Für Freigeister und Naturliebhaber.

Für Dich.

Inhaltsverzeichnis

Vorwort	13
Wie alles begann	14
Wenn nicht jetzt - wann dann?	16

Vorbereitung unserer Tour

Der Traum wird zum Plan	18
• Eine allgemeine Packliste	20
• Streckenplanung vor der Reise	24
Es wird ernst	26
• Vorbereitung der Reisepferde	32
• Mentale & körperliche Vorbereitung	44
• Ausrüstung für die Pferde	46
Zwei Tage vor der Abfahrt	54
Der letzte Tag & tausend Dinge zu erledigen	56
Unsere Reisebegleiter	58
• Mit Pferd ins Ausland?	60

Die 1. Woche

Salut la France! Es geht los.	64
• Kreative Packsysteme	66
• Die heilige Ordnung	72
Die erste Etappe – Noch mit Mamas Gepäcktransfer	76
Ohne Eltern - Jetzt geht es wirklich los!	78
Gewitter im Rücken	84
• Vor Regen geschützt & gleichzeitig Platz sparen?	88

Die 2. Woche

Eine rettende Begegnung	92
• Ein wichtiges Thema: Hufschutz	94
Französische Gastfreundschaft	98
Bienvenue à chambre d'amis	100
Estella macht uns Sorgen	102
• Pferde und Giftpflanzen	104
• Notfälle	106
Bis an die Grenze	108
Wo ist die Hängematte?	112

Die 3. Woche

Ohne Wasser kein Leben	114
• Das Gepäcklager	116
• Das Millionen Sterne Hotel	118
• Eine Übernachtung finden	120
• Kreativer Zaunbau	124
Unsere Pferde müssen leiden	130
• Bremsenschutz	134
Der Aufstieg hat sich gelohnt	136
Zwischen Nebel und Hoffnung	138
Resümee: Die ersten Wochen auf Tour	142
Pausentag und Besuch aus Deutschland	146
• Ausrüstungsgegenstände, die wir NICHT gebraucht haben!	148
Ein Erlebnis, das wir nicht mehr vergessen werden	150

Inhaltsverzeichnis

Die 3. Woche

Im Achterteam unterwegs	156
• Hygiene	158
Training der Jungspunde	162
• Navigation	164
Werde ich krank?	168
Begegnungen verändern	170
Sind wir Holländer?	172
Pause und Erholung	174

Die 4. Woche

Ich bin stolz auf Don!	176
Auf dem Kopf des Hahnes	180
Unsere schönste Etappe	182
Im Naturparadies	184
• Essen & Trinken	186
• Unsere Lieblingsrezepte für unterwegs	188
Begegnung im Herzen	190
Die Reise geht weiter	194
Eine beeindruckende Frau	196
• Unsere Finanzen	200

Die 5. Woche

Galopp mit Aussicht	206
• Unser Fazit: Wandern vs. Reiten	208
Wir verlieren wertvolle Fracht	210

Mist für das Tomatenbeet	212
• Geplante vs. ungeplante Tour	214
• Jungpferd mit auf Tour – würden wir es wieder tun?	218
Ein Kirschtraum	222
• Begegnungen mit Menschen	224
Vom Jura bis in die Nordvogesen	226

Nach 6 Wochen auf Tour

• Unsere Strecke	230
Die Tage danach	232
Abschied von Feenja	234
Im Rückblick	238
Danksagung	240
Inspirationen für dich	242
Dein Abenteuer	244

Vorwort

Aloha! Schön, dass du da bist!
Wir freuen uns unglaublich, dass du dich für unser Buch entschieden hast. Danke dir dafür!

Dieses Buch besteht aus zwei Teilen: Einmal aus unserer *Geschichte*, wo wir von unserer abenteuerlichen Tour erzählen. Diese ist gespickt mit *Ratgeberseiten*, welche besonders interessant sind, wenn du selbst eine Tour planst. Du erkennst sie an den grünen Balken. Sie gehen mehr in die Tiefe, sind jedoch nicht notwendig, um der Geschichte zu folgen.

Wir möchten dich hiermit offiziell daran erinnern, dass dieses Buch sehr subjektiv geschrieben ist, auf unseren Erfahrungen basierend.

Wir teilen mit dir, was für uns funktioniert hat und was nicht. Das ist nicht die allgemeingültige Wahrheit – andere Menschen haben wieder andere Erfahrungen gemacht. Unsere Ratgeberseiten basieren neben Internetrecherche, einigen Büchern und Gesprächen mit anderen Wanderreitern, hauptsächlich auf unserer eigenen Erfahrung.

Dadurch unterscheidet sich dieses Buch ganz wesentlich von anderen Ratgebern. Wir sind ohne genaue Planung der Strecke und ohne jahrelange Wanderreiterfahrung einfach mit den Pferden losgezogen. Es gibt andere tolle Wanderreitbücher, wo unzählige und viel erfahrenere Wanderreiter ihr Wissen zusammengetragen haben.

Auch wir haben im Voraus einige Ratgeber gelesen, danach hatten wir eine deutlich bessere Vorstellung vom Wanderreiten allgemein, aber gerade das Säumen/Wanderreiten ohne geplante Übernachtungen wird kaum thematisiert. Für uns standen noch viele offene Fragen im Raum. In diesem Buch haben wir alles zusammengeschrieben, was wir uns bei der Vorbereitung an Tipps und Tricks gewünscht hätten.

Und vor allem die große Portion Mut, dass es möglich ist!

Viel Freude beim Lesen.

Alles Liebe

Tanja & Bettina

WIE ALLES BEGANN

„Freundschaft ist wie eine langsam wachsende Pflanze."

Tanja

Wir schreiben das Jahr 2010. Ein Survivalbuch, Taschenmesser und viele Zweige in den Haaren gehören zu unserer Standardausrüstung.

Vor ein paar Monaten wurden wir in die gleiche Klasse gesteckt. Wir sind jetzt in der weiterführenden Schule, alles ist neu und aufregend. An Bettinas Pferdepullover kann ich mich noch ganz genau erinnern: Rot mit dem Aufdruck von zwei Pferden, die freundlich aus dem Stall schauen. Ein klares Indiz für Pferdefreunde, natürlich kommen wir ins Gespräch.

Wir verbringen jede Pause damit, auf Bäume zu klettern, über den Schulhof zu rennen und im nahe gelegenen Wald Hütten zu bauen. Hinterher machen wir mit matschigen Schuhen die Schule unsicher und hinterlassen die eine oder andere Spur.
Uns ist es egal, ob manche Mitschüler uns komisch finden. Wir tragen keine Markenklamotten, kennen weder die neuesten Hits, noch die coolsten Sänger.

Für uns zählen andere Dinge.
Wir gehen zusammen zur Reitstunde, misten stundenlang den Stall aus, nur um bei den Pferden sein zu dürfen. Etwas später erfüllt sich ein großer Traum: Ein eigenes Pferd. Estella tritt in unser Leben und stellt es buchstäblich auf den Kopf.
Stundenlang ziehen wir nach der Schule mit Estella durch die Wälder und erkunden die Natur. Manchmal wird es dunkel im Wald, doch wir haben keine Angst.

Schon damals träumen wir davon, einmal mit Pferden in der Natur zu leben, in ihrem Rhythmus unterwegs zu sein.

„Lass uns mal losziehen und eine Hütte bauen. Daneben bauen wir einen Paddock aus Baumstämmen und da stehen dann unsere Pferde."

„Ja, voll cool! Und dann können wir mit den Pferden Streifzüge machen und Essen sammeln. Wir müssen den Standpunkt aber so wählen, dass uns keine Feinde entdecken."

„Wir können unsere Hütte ja gut tarnen. Und unsere Pferde sind so gut trainiert, dass wir im Notfall einfach hochspringen und losgaloppieren können."

„Oh ja, das stelle ich mir richtig toll vor. Das machen wir mal!"

Irgendwie wissen wir damals schon beide, dass wir genau das einmal tun werden.
Den Traum zur Realität zu machen.

Doch wann wird der Zeitpunkt kommen? Wann ist es endlich so weit?

Wenn nicht jetzt – wann dann?

Bettina

„Eines Tages zähme ich einen wilden Mustang und reite durch die Rocky Mountains."

Das sind Tanjas Worte im Alter von zwölf Jahren. Der Wunsch ist da, doch die meisten Träume scheitern an der Umsetzung. Häufig vergessen wir unsere Kindheitsträume, sie werden von der täglichen Last an Aufgaben überlagert. Jahrelang bleibt auch dieser Traum im Hintergrund.
Es ist nicht der richtige Zeitpunkt, wir sind zu jung, zu unerfahren, die Aufgabe ist zu groß.

Die Jahre vergehen. Wir durchlaufen die weiterführende Schule und unternehmen immer wieder tolle Abenteuer mit Estella. Einmal reiten wir zu Tanja nach Hause und Estella übernachtet im Garten. Trotz mancher Schwierigkeiten wachsen wir zu einem immer stärkeren Team zusammen.
Auch gibt es über die Jahre immer wieder Ereignisse, die unseren Traum hervorholen und konkretisieren.

Eines davon ist der Vortrag vom Abenteuerreiter Günter Wamser, einige Jahre vor unserer Tour. Er war zwanzig Jahre lang unterwegs mit Pferden, von Mexiko bis nach Alaska. Das Reisen ist zu seinem Leben geworden.
Live steht er vor uns und zeigt uns Bilder von seinen Abenteuern, gemeinsam mit seiner Lebensgefährtin Sonja Endlweber.

Sie erzählen von den atemberaubenden, wie auch den schwierigen Momenten. Einmal sind sie fast im reißenden Fluss ertrunken, ein andermal haben sie tagelang ihre entlaufenen Pferde gesucht. Als sie vor einer Sackgasse im Wald standen, mussten sie einen ganzen Tag sägen, um den Weg zu passieren.
Doch auch die raue Schönheit der Natur, die einmaligen Farben und die unendliche Weite wird auf ihren Bildern deutlich.

Es ist ein abenteuerliches Leben, fernab von jeder Zivilisation und Konsum. Eine Lebensreise im Tempo der Pferde.

Wir sind unendlich fasziniert und verfolgen ihre Worte mit leuchtenden Augen. *Eines Tages.*

Ein weiterer Schlüsselmoment folgt ein Jahr vor unserer Tour, wir schauen gemeinsam den Film „Ungezähmt."
Junge Männer reiten auf Mustangs durch die USA, begleitet von einem Kamerateam.
Auf einmal wird uns klar: *Wenn nicht jetzt, wann dann?*
Wir sind 18 Jahre alt, mit der Schule fertig und wollen ein Jahr reisen und die Welt erkunden. Noch haben wir so wenige Verpflichtungen und so viel Zeit. Unser Augenblick ist gekommen, wir müssen ihn nur noch greifen.
Abends nach dem Film bin ich in Gedanken. Amerika ist wild, schön. Doch der Film hat mir nochmal deutlich gemacht: Das ist eine Nummer zu groß für uns.

Die Kultur ist uns fremd, wahrscheinlich würden wir tausend Regeln brechen, ohne es zu merken. Die Wildnis ist zu gewaltig, die Strecken sind zu lang. So fernab von der Zivilisation ist man wirklich auf sich alleine gestellt, da sollte man wirklich wissen, was man tut.

Doch auch in Europa kann es wunderschön sein. Man muss nicht immer so weit reisen, um Abenteuer zu erleben. Plötzlich sehe ich die Berge Frankreichs vor mir, ein anderes Land, doch trotzdem so viel näher.

Kennst du diesen Moment, wenn zwei Menschen unabhängig voneinander die gleiche Idee haben? Mir läuft ein Schauer über den Rücken, als ich später mit Tanja telefoniere und sie Frankreich in den Raum wirft. Sie hatte die gleichen Gedanken.

Es soll also Frankreich sein, nächstes Jahr.

Wir wollen unabhängig unterwegs sein, ohne geplante Übernachtungen und ohne Tagesziel. Es wird kein typischer „Wanderritt". Auf unseren Pferden haben wir alles dabei, was wir zum Leben brauchen.

Der Traum wird zum Plan

*„Kennst du das, wenn du einen riesigen Berg von Aufgaben
vor dir hast und gar nicht weißt, wo du anfangen sollst?"*

Bettina

So geht es uns im Herbst 2017 bei der Vorbereitung unserer Tour.

Wir wissen bereits: Wir wollen nach Frankreich, und von Mai bis Juli 2018 unterwegs sein. Der Zeitraum ist begrenzt, da Tanja für ein Event in dieser Zeit einen wilden Mustang trainieren wird. Wir planen, diesen Mustang mitzunehmen und rechtzeitig zum Event wieder zurück zu sein.

Doch unglaublich viele Fragen stehen im Raum. Wie viele Pferde nehmen wir mit, und wo sollen wir die bitteschön herbekommen?
Wo genau starten wir, und wie kommen wir da hin?
Ins Ausland mit Pferd, was müssen wir da beachten?
Von der nötigen Ausrüstung und den Kosten, die auf uns zukommen werden, haben wir noch keine Vorstellung.
Meine Familie versucht immer wieder, mich von dieser Tour abzuhalten. Ich solle besser gleich ein Studium beginnen, anstatt „mit Pferden in der Gegend herumzulaufen".

Doch wir machen weiter. Ich suche im Internet nach Menschen, die bereits ähnliche Touren unternommen haben. Wir müssen das Rad ja nicht neu erfinden.
In Wanderreitgruppen und Foren finde ich Informationen zu Packlisten und wichtigen Ausrüstungsgegenständen. So stellen wir Schritt für Schritt unsere eigene Packliste zusammen.

Wir erzählen anderen Menschen von unserem Traum, und so bekommen wir das Angebot, diesen Trip nur mit Mustangs zu unternehmen, um auf diese Pferde aufmerksam zu machen. Darüber soll dann ein Film gedreht werden.

Wir überlegen hin und her, da wir uns die Pferde eigentlich selbst aussuchen wollen. Außerdem wollen wir unsere Tour nicht so in die Öffentlichkeit ziehen.
Wir machen das für uns, weil es unser Traum ist: Ein Leben in der Natur und mit den Pferden. Mit Kamerateam sieht das alles wieder anders aus. Doch das Angebot ist verlockend, Mustangs sind schon tolle Pferde.

Wir verbringen viele Stunden mit der Suche nach einem Start und einem Ziel, bei welchem der Weg durch landschaftlich schöne Gegenden führt. Der Start soll westlich von Basel sein, am Anfang des französischen Jura. Das Ziel: Richtung Süden in die Ardèche. Das ist eine landschaftlich besonders spektakuläre Strecke.

Ich kann nicht zählen, bei wie vielen Höfen in der Ardèche ich anrufe, ob sie uns Mitte Juli empfangen können. Kein Einziger sagt zu, so lange im Voraus können sie sich nicht festlegen.
Auch die Frage des Rücktransportes ist noch ungeklärt. Unseren Eltern wollen wir so eine Strecke nicht zumuten, und ein Transportunternehmen ist mitten in die Pampa schwierig zu organisieren und teuer.
Ganz ehrlich: Bei so einer Strecke und unserer spontanen Art zu reisen wäre es niemals möglich gewesen, an einem bestimmten Zeitpunkt an einem bestimmten Ort zu sein.

Das Jahr 2018 beginnt und die Planung ist nur mäßig fortgeschritten. Inzwischen haben wir gemeinsam mit unseren Partnern Mustangs für die Tour ausgesucht, welche vom Ausreisedatum und Trainingsstand zu unserer Tour passen. Auf einen cremefarbenen, jungen Wallach freue ich mich besonders. Ich habe ein Video von ihm gesehen und sein Blick hat mich mitten ins Herz getroffen. Seitdem lässt er mich nicht mehr los...

Wir stehen vor einer Menge unbekannter Faktoren. Die ersten beiden Mustangs Don und Sage werden Ende März anreisen, Tanjas Eventstute kommt fünf Wochen später. Sättel, Hufschuhe oder ähnliche Ausrüstungsgegenstände zu besorgen, ohne die Pferde zu kennen, ist kaum möglich. Sobald die Pferde da sind, tickt die Zeit bis zum geplanten Abreisetermin.

Was haben wir uns da wieder eingebrockt?

Eine allgemeine Packliste

Was brauche ich unterwegs an Ausrüstung?
Monatelang haben wir recherchiert und überlegt. Dabei ist das heraus gekommen: Eine allgemeine Packliste für zwei Personen.
Es kommt jedoch sehr darauf an, was für eine Art von Tour du machst. Wenn du feste, gebuchte Übernachtungen hast, fällt eine ganze Menge an Ausrüstung weg.

Allgemein:

- Portemonnaies mit EC-Karte, Personalausweis, Krankenkassenkarte, Equidenpässe
- Hüfttasche, um wichtige Gegenstände am Körper zu tragen
- Handys
- Handynavigationsapps und heruntergeladene Offlinekarten
- Ja nach Gebiet Wanderkarten auf Papier
- Kartentaschen (auch Klarsichtfolie möglich)
- Zwei Warnwesten (um bei Nacht gesehen zu werden)
- Taschenmesser
- Stabile Plastiktüten/Säcke
- Allzweckschnüre, Seile, Spannriemen und Karabiner
- Taschenlampen/Stirnlampen
- Feuerzeuge
- Panzertape

Equipment Pferde:

- Für jedes Pferd: Zaumzeug/Halfter zum Führen und Zügel/Strick
- Für Handpferde: Robuste, längere Führseile
- Ersatzhalfter/Knotenhalfter, Ersatzstrick und Zügel

- Passende Sättel mit Möglichkeiten zur Befestigung von Packtaschen
- Packtaschen und Packsäcke
- Für jedes Pferd ein Pad oder Satteldecke, darunter einen dünn gefalteten Woilach
- Zwei Allzweckbürsten, zwei Hufauskratzer, (Mähnenbürste)
- Faltschüssel/Falteimer
- Insektenabwehrmittel
- (je nach Jahreszeit und Empfindlichkeit des Pferdes: Fliegenmasken und Bremsendecken)
- Tüte mit Mineralfutter
- Salz
- Wanderreiter-Zaunset mit Batterien

Campingequipment:

- Zwei wasserdichte 2x3 Meter Zeltplanen für das Gepäcklager
- Zelt
- Schlafsäcke
- eine sehr kleine Isomatte
- Müslischale, Teller aus Plastik oder Metall
- Besteck (so wenig wie möglich)
- Tupperdose, wasserdicht verschließbar
- Klammern zum Schließen von offenen Packungen
- Schwamm zum Spülen
- Topf mit Deckel
- Campingkocher (und Gas)

Eine allgemeine Packliste

Ausrüstung Reiter (variiert ja nach Jahreszeit/Anspruch):

- Reithelme
- Kleidung nach dem Zwiebelprinzip, pro Person:
  3x Socken, 2x Unterwäsche, 2x T-Shirt/Top, langärmelige UV-Bluse, Fleece-Pullover, lange Hose, kurze Hose
- Schlafanzug: T-Shirt, Leggings (können zur Not auch als Ersatzkleidung fungieren)
- Übergangsjacke
- Regenponcho
- Wanderschuhe mit Absatz
- 1x Ersatzsandalen für zwei Personen
- Badesachen, falls nötig
- Sonnencreme, Sonnenmütze

- Notizblock und Schreibstift
- Kleines Mikrofaser-Handtuch
- Hygieneartikel, Zahnbürste und Co
- Outdoorseife (eine für alles: Duschseife, Shampoo, Geschirrabwasch)

Erste-Hilfe/Notfall/Ersatz:

- Telefonliste mit Notfallnummern
- Kleines Erste-Hilfe-Set für Mensch und Pferd
- Material für Notverband

- Zeckenzange, kleines Desinfektionsspray, Pinzette
- Medikamente: leichtes Schmerzmittel, Salbe für Insektenstiche, Salbe bei Prellungen, etwas für den Kreislauf. Da sollte jeder entscheiden, was er/sie braucht.
- Reparaturset: Nadeln und Faden (stabil), Sicherheitsnadeln

Kamera und Elektronik

- Handy- und Kameraladegeräte
- Powerbank
- Wer möchte: Kleine Kamera
- Kleines Solarpanel, falls sehr viel in der Natur unterwegs

Kranken- bzw. Auslandskrankenversicherung
Haftpflichtversicherung für die Pferde & uns

Streckenplanung vor der Reise

Was wir an Zeit in die Streckenplanung gesteckt haben! Und am Ende kam doch alles anders. Ein grober Plan ist jedoch nicht schlecht, um auch wirklich durch schöne Gebiete zu kommen.

Unsere Tipps:

- Möchtest du eine **kurze Tour** machen, suche nach **schönen Wanderreitgebieten in deiner Nähe** im Internet. Alternativ kannst du auch **direkt von Zuhause** starten.

- Wenn du eine **längere Strecke** gehen möchtest, gibt es immer mal Streckenpassagen, die nicht so schön sind. Es sollte einfach ein **Großteil der Strecke gut zum Reiten** sein. An diesen Gedanken angelehnt, lege einen Startpunkt und eine Richtung fest.

- Achte bei deiner Streckenplanung darauf, großen Städten und Schnellstraßen aus dem Weg zu gehen.
  Trotzdem ist es nicht immer dort am besten, wo das meiste Grün in Google Maps angezeigt wird, dabei kann es sich um große Waldgebiete oder Naturschutzgebiete handeln.

- Informiere dich über **schöne Wanderreitregionen** und bekannte **Fernwanderwege**. Man muss und kann diese mit Pferd nicht einfach nachverfolgen - aber es sind nicht ohne Grund bekannte Strecken.

- Je nach **Bundesland** gibt es **verschiedene Regeln** mit Plaketten und Reiterlaubnis nur auf speziellen Wegen. Das ist in die Planung mit einzubeziehen.

- Achte auch auf die **Höhenmeter** und ob deine geplante Route mit Pferden überhaupt begehbar ist. Mit Apps wie zum Beispiel Outdooractive kannst du das ungefähre Höhenprofil deiner Strecke überprüfen.

- Wenn du wirklich komplett spontan unterwegs bist:
  Verstricke dich bei der Planung nicht in Details.
  Oft wissen die Einheimischen schöne Wege und die ganz genaue Strecke ergibt sich unterwegs.

Mit wie vielen Kilometern kann ich am Tag rechnen?

Das kommt darauf an, ob du reitest oder mit deinem Pferd wanderst. Ich kann hier nur für uns sprechen. Wir haben morgens mehrere Stunden gepackt und sind aufgrund des Gepäcks nur im Schritt gelaufen.
Wir sind zwischen 5 km und 25 km am Tag gelaufen, durchschnittlich ca. 13 km.
Man muss dazu sagen, dass wir eher kleine Pferde mit einem gemütlichen Tempo haben und zum Teil in den bergigen Vogesen unterwegs waren. Auch war für uns der Weg das Ziel und wir wollten uns und die Pferde nicht hetzen.

Soll ich ein Ziel festlegen?

Wenn es sich anbietet, ja! Es motiviert ungemein. Wir hatten eine auf den Tag genaue Zeitbegrenzung, wann wir wieder abgeholt werden. Darum haben wir uns kein festes Ortsziel überlegt. Es hätte uns nur unter Stress gesetzt, genau an diesem einen Tag dort anzukommen.

Wenn es jedoch egal ist, ob du ein paar Tage früher oder später am Meer ankommst: Es ist toll, wenn du ein Ziel hast!

Es wird ernst

„Ich liege im Zelt und denke an die nächsten Wochen. Werde ich die Tour wirklich ohne meine Stute Estella machen? Plötzlich habe ich den tiefen Wunsch, sie mitzunehmen."

Tanja

Der Wanderritt rückt immer näher! Irgendwie fühlt sich der Gedanke nicht ganz realistisch an.
Mein Eventmustang Feenja ist seit knappen zwei Wochen da, bis vor ein paar Tagen konnte ich sie noch nicht mal richtig anfassen oder gar führen. Ich habe jeden Tag unglaublich viel zu tun und komme nicht wirklich zur Ruhe. Die Zeit rennt.

Viele Stunden verbringe ich mit der halbwilden Stute Feenja. Für 100 Tage habe ich die Aufgabe, sie als Freundin zu gewinnen und sie an unsere Menschenwelt zu gewöhnen. Gar nicht so einfach, sechs Jahre lebte sie in der Wildnis, weitere drei Jahre lebte sie in einer Auffangstation. Ich fühle ihre innere Distanz zu mir.

Don und eine andere Mustangstute namens Sage wurden uns für ein Filmprojekt zur Verfügung gestellt.
Beide wurden schon in Amerika an Menschen gewöhnt, Sage können wir schon gut reiten, Don hatte schon mal einen Sattel auf dem Rücken, ist aber nach der langen Reise noch sehr unsicher. Wir kennen sie noch kaum.
Das sollen sie also sein, unsere Begleiter für ein großes Abenteuer. Es gibt noch eine Menge zu üben, aber wir haben ja noch ein paar Wochen Zeit.

Es ist ein langes Hin und Her, ob das Filmprojekt finanziell realisiert werden kann oder nicht. Davon hängen verschiedene Sponsoren für die Ausrüstung ab. Wenn wir wissen, dass das Filmprojekt nicht stattfindet, kümmern wir uns selbst um alles – doch im Moment ist es noch unsicher. Wir sitzen wie auf heißen Kohlen, denn ohne Ausrüstung ist der Ritt nur schwer möglich.

Für den Fall der Fälle besorgen wir uns selbst Ausrüstung, denn unseren Traum wollen wir auf jeden Fall verwirklichen!
Glücklicherweise haben wir die Möglichkeit, ein Packsystem für einen Westernsattel zu leihen, sowie zwei Sättel von Bekannten.
Währenddessen kümmern wir uns mehr oder weniger intensiv um die Streckenplanung.

Eigentlich ist unser Plan, nach Südfrankreich zu reiten.
Schon mehrere Urlaube habe ich dort verbracht und war von der unberührten Natur und dem südländischen Flair fasziniert.
Der Nachteil an dieser Idee ist jedoch, dass wir von Südfrankreich irgendwie wieder nach Deutschland kommen müssen. Wir wissen noch nicht, wie wir diese Schwierigkeit lösen können, leider haben unsere Pferde noch nicht fliegen gelernt.
Vielleicht ist das auch besser so, sonst müssten wir einen Käfig mit Dach anstatt dem Paddock mitnehmen.

Bevor wir überhaupt unsere komplette Ausrüstung zusammenhaben, buchen wir uns eine Übernachtung am Beginn des „Juras", unterhalb von Basel. So haben wir einen sicheren Start und sind buchstäblich dazu „gezwungen", unsere Vorbereitungen bis dahin abzuschließen.
Manchmal ist etwas Stress gar nicht so schlecht, er gibt den gezielten Tritt in den A...

An einem schönen, sonnigen Tag entschließen wir uns, das neu gekaufte Zelt auszuprobieren. Unsere Wahl ist auf ein Zweipersonenzelt gefallen, das Dreipersonenzelt war uns zu schwer und zu groß. Unser Gepäcklager wollen wir außerhalb vom Zelt mit Planen aufbauen.

Fröhlich bauen wir für die Pferde daneben den Wanderreitpaddock auf, wir brauchen ganz schön lange. Auch bekommen wir noch keinen Strom drauf, irgendwo ist da ein Fehler.
Ob wir das in Zukunft besser hinbekommen?

Ich liege im Zelt und denke an die nächsten Wochen. Werde ich den Ritt wirklich ohne meine Stute Estella machen?

Plötzlich habe ich den tiefen Wunsch, sie mitzunehmen.

Warum Estella nicht mitkommt?
Estella gehört meiner Mutter, hat ihre feste Herde und außerdem Sommerekzem. Wir sind uns nicht sicher, ob dieser Ritt das Richtige für sie ist. Trotzdem bleibt der Gedanke, sie mitzunehmen.

Eine Woche später...

Unsere Pferdecrew macht tolle Fortschritte! Bettina kann Don mit lärmigen Packtaschen longieren, Feenja lässt sich nun zuverlässig führen und kennt verschiedene Gegenstände auf ihrem Rücken. Sage ist ein tolles Pferd, bereits zehn Jahre alt und geritten. Sie ist ein Fels in der Brandung.

Die ersten Wochen mit Feenja waren sehr intensiv, ich habe noch nie soviel Zeit in ein Pferd gesteckt.
Es gibt Tage, an welchen ich einen deutlichen Fortschritt spüre. Doch dann gibt es wieder Tage, wo sie erst mal vor den Menschen flüchtet, bevor sie ganz langsam wagt zu kommen.
Was gar nicht funktioniert, ist für eine halbe Stunde gestresst in den Stall zu kommen und kurz zu trainieren. Komme ich mit dieser Energie, macht sie komplett zu.
Sie lehrt mich, geduldig zu sein. Zu sehen, wie ihr Vertrauen wächst, ist ein großes Geschenk.

Auch mit Don gibt es Höhen und Tiefen. Er ist ein sensibles Pferd und erschrickt auch gerne mal. Longieren und Sattel klappt super, genauso wie verschiedene Untergründe.
Auf Gras gibt es immer wieder Diskussionen. Für ihn ist es unverständlich, dass er nicht selbst entscheiden darf, wann und wie lange er frisst. Das ist nicht verwunderlich, es hat ihm schließlich noch nie in seinem Leben jemand das Fressen verboten. Er reagiert darauf mit drohen, schnappen und steigen.

Doch auch das wird im Laufe der Zeit immer besser. Wir fangen an, diese besonderen Charaktere immer mehr in unser Herz zu schließen. Wir trainieren täglich mit den Pferden, ihrer und unserer Sicherheit zuliebe.
Es ist uns sehr wichtig, dass sich die Pferde im Straßenverkehr sicher führen lassen.

Deswegen gehen wir nun öfters neben Straßen spazieren und lassen unsere Pferde daneben grasen. Lastwagen, Fahrräder und Jogger sind bald kein Problem mehr.

Einmal haben wir erlebt, wie einem Pferd Packtaschen unter den Bauch gerutscht sind. Das Pferd ist voller Panik gerannt und hat gebockt, bis die Taschen zerfetzt waren. Das wollen wir auf unserer Tour nicht erleben.

Deshalb haben wir mit den Pferden geübt, auch dann die Ruhe zu bewahren, wenn sie an etwas hängenbleiben oder etwas unter den Bauch rutscht.

Natürlich geraten auch die Hufe nicht in Vergessenheit. Allen drei Pferden wurden nochmal die Hufe schön gemacht, nur kleine Korrekturen. Es wird bewusst viel Horn drauf gelassen, das raspelt sich unterwegs ab. Wir werden barhuf und mit Hufschuhen gehen.

Feenja. Kann ich dir vertrauen?

Von links nach rechts: Feenja, Sage, Don.

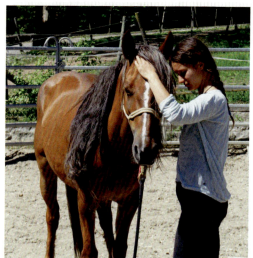

Vorbereitung der Reisepferde

Brücken, Straßen und andere Engpässe haben uns gezeigt, wie wichtig die Vorbereitung der Pferde für die Sicherheit ist. Natürlich werden immer unvorhergesehene Dinge kommen, die dein Pferd und dich auf die Probe stellen.
Hier gilt: Ein gutes Grundverhältnis zueinander ist entscheidend!
Wie gut kennst du dein Pferd? Wie gut kennt es dich?

Wir haben einige Übungen zusammengestellt, mit denen du die Reaktionen deines Pferdes testen kannst. Außerdem kannst du deinem Pferd beibringen, in Stresssituationen gelassener zu reagieren.
Übe in einer umzäunten, stressarmen Umgebung und ohne Gebiss.

Schätze selbst den Ausbildungsstand deines Pferdes ein, um festzustellen, ob diese Aufgaben für euch sinnvoll sind. Ansonsten festigt erst eure Grundbeziehung, bis ihr mit diesen Übungen gefahrlos starten könnt.

Übung 1: Keine Panik beim Auf-den-Strick-Treten

Beim Laufen am langen Strick oder beim Grasen kann es immer mal passieren, dass dein Pferd auf den Strick tritt.
Oft hat das eine panische Reaktion nach oben zur Folge, sowie einen schmerzhaften Ruck auf das Genick des Pferdes.

Wie reagiert dein Pferd, wenn es auf den Strick tritt?

A oder B?

Ziel der Übung: *Das Pferd spürt den Widerstand, hält inne und geht von selbst vom Strick.*

Schritt 1: Übe mit deinem Pferd, den Kopf auf eine sanfte Massage im Genick zu senken.

Erwarte hierbei nicht zu viel am Anfang, selbst ein paar Millimeter können für manche Pferde schon ein großer Schritt sein. Drücke das Pferd NICHT mit Gewalt in die Tiefe, es soll sich schließlich dabei entspannen.

Reagiert dein Pferd auf die Berührung im Genick bereits mit einer starken Abwehrreaktion, hat es möglicherweise Schmerzen oder eine Blockade.
Denke über mögliche Ursachen nach und lasse gegebenenfalls dein Pferd von einem Spezialisten anschauen, um den Grund herauszufinden.

Schritt 2: Dein Pferd senkt auf sanften Druck den Kopf? Dann kann es weiter gehen! Hat dein Pferd einmal zufällig den Kopf tief, blockiere die Aufwärtsbewegung durch ein festes Greifen unten in den Strick. Lobe jede ruhige Reaktion, wenn dein Pferd innehält und nicht dagegen zieht.

Schritt 3: Wenn dein Pferd bei den vorherigen Schritten gelassen bleibt, blockiere mit dem Fuß auf den Boden den Strick. Loben und nachgeben, wenn dein Pferd ruhig reagiert, anstatt ruckartig nach oben zu ziehen.

Du kannst den Schwierigkeitsgrad immer weiter steigern, den Kopf des Pferdes immer näher am Boden kurzzeitig fixieren. Beobachte dein Pferd – ist es gestresst, oder wartet es ruhig, bis das Problem gelöst ist?

Wenn dein Pferd so weit ist, kannst du auch mal ein Treten auf den Strick „provozieren". Diese Übung ist schließlich dazu gedacht, euch auf den manchmal unvermeidlichen Ernstfall vorzubereiten.

Glückwunsch, wenn dein Pferd gelernt hat, cool zu bleiben!

Vorbereitung der Reisepferde

Übung 2: Ruhe bewahren im Seilgewurstel

Wenn es am langen Seil angebunden ist, kann es schnell passieren, dass dein Pferd sich mit einem Vorderbein im Strick verhängt. Zieht dein Pferd nun in Panik nach hinten, kann das sehr gefährlich werden.

Ziel: *Das Pferd senkt den Kopf leicht und geht entspannt einen Schritt nach vorne (anstatt nach hinten), um aus dem Druck heraus zu kommen.*

Dafür sollte dein Pferd das Nachgeben auf den Druck im Genick bereits kennen. Verwende dafür ein normales Halfter oder eine ähnliche Zäumung ohne Gebiss oder einschneidende Riemen. Außerdem zwei dickere Stricke/Seile, welche gut rutschen, ohne stark zu reiben.

Schritt 1: Lege ein Seil unterhalb des Fesselgelenks deines Pferdes zu einer Schlaufe und halte beide Enden in der Hand. Übe noch keinen Druck auf den Kopf aus, deshalb ein separates Seil.
Probiere, ob dein Pferd sein Bein auf Zug am Seil nach vorne-oben anhebt. Übe das auf beiden Seiten. Verändere die Höhe des Beines über das Seil und führe dein Pferd in den Schritt nach vorne, um aus dem Druck zu kommen.

Schritt 2: Meistert dein Pferd diese Übung mit Bravour, kannst du den Kopf mit dazu nehmen. Nimm hierfür das Seil, welches am Halfter befestigt ist. Lege deinem Pferd das Seil im Stehen um ein Vorderbein.

Nun kannst du leichten Druck auf das freie Ende ausüben. Dabei ziehst du sozusagen den Kopf des Pferdes über das Vorderbein nach unten. Gib nach, sobald dein Pferd nur etwas den Kopf senkt oder das Bein anhebt.
Zieht dein Pferd nach hinten, übe die Nachgiebigkeit im Genick und am Bein zuerst einzeln.

Schritt 3: Übe nun mehr Druck auf das Seil aus.

Das Endziel*: Dein Pferd geht auf den Druck einen Schritt nach vorne und der Strick hängt wieder durch.*

Für weiter Fortgeschrittene: Übungen mit dem Seil kannst du auch mit den Hinterbeinen machen.
Auch hier gilt: Kleine Schritte und kein Verletzungsrisiko eingehen. Das Seil sollte weich sein und du solltest es jederzeit entfernen können.

Vorbereitung der Reisepferde

Übung 3: Das Ausdrehen

Auch hier lernt das Pferd, dem Druck nachzugeben, sich dabei zu „befreien" und sich dem Menschen zuzuwenden. Es gab ein paar Situationen, bei welchen wir sehr froh waren, das geübt zu haben.

Du kennst vielleicht diesen schönen Trick, bei dem das Pferd sich einmal im Kreis dreht? Die Vorbereitung dieses Tricks ist eine tolle Übung.

Das Pferd lernt dabei, das Seil um seine Hinterbeine zu akzeptieren, dem Druck seitlich am Kopf nachzugeben und zu folgen.
Das hört sich erst mal leicht an, manche Pferde versetzt jedoch die Berührung mit dem Seil an der Hinterhand ganz schön in Stress.

Schritt 1: Zuerst gewöhnst du dein Pferd an die Berührung mit dem Seil an der Hinterhand.

Lasse den Strick langsam am Pferdekörper und später an der Hinterhand heruntergleiten. Achte darauf, dass du dich in einer sicheren Position befindest. Dein Pferd bleibt gelassen?

Super, dann auf zu **Schritt 2:**
Laufe einmal mit dem Seil komplett um dein Pferd herum, sodass dein Pferd das Seil am ganzen Körper spürt. Falls dein Pferd hier nicht stehen bleibt, übe das Stehen nochmal getrennt oder nehme einen Helfer dazu. Wackele mit dem Seil etwas herum, sodass dein Pferd es an der Hinterhand deutlich wahrnimmt. Nun kannst du leichten Zug darauf bringen und schauen, ob dein Pferd die Anfrage versteht und sich ausdreht.

Frage erst nach kleineren Winkeln, gehe nur bis zur Kruppe und lasse dein Pferd zu dir kommen.

Steigere die Strecke immer weiter, bis dein Pferd sich stressfrei und ruhig ausdrehen kann. Super! Dein Pferd hat gelernt, dem Gefühl am Seil zu folgen und dabei ganz gelassen zu bleiben.

Sicherheit beim Anbinden

Das Anbinden. Unterwegs wirst du damit täglich konfrontiert, sei es nun bei der Mittagspause, beim Einkaufen oder während des Lageraufbaus.

Wir haben unsere anbindesicheren Pferde mit einem Sicherheitsknoten angebunden. Je nach Pferd empfiehlt es sich, zusätzlich einen Strick mit Panikhaken zu verwenden oder eine Sollbruchstelle einzubauen.

Bei heftigem Zug hatten wir manchmal Probleme, den Sicherheitsknoten zu lösen. Deswegen haben wir „Sollbruchstellen" eingebaut.
Eine Sollbruchstelle ist ein absichtliche Bruchstelle.
Diese hält normalen Zug aus, aber würde reißen, bevor das Pferd so stark im Seil hängt, dass es sich ernsthaft verletzt.

Dazu bindet man zum Beispiel eine Schnur an den Baum oder an das Halfter, die normalen Zug aushält und bei starkem Zug reißt. Der Strick wird daran festgemacht.

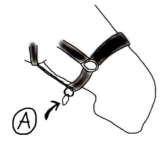
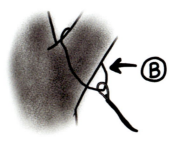

Vorbereitung der Reisepferde

Diese Lösungen sind NICHT für Pferde gedacht, die das ausnutzen und sich dann für den nächsten Grasbüschel losreißen - sondern für Pferde, die ernsthaft in Panik geraten können.
Bei der Stabilität der Anbindeausrüstung sollte auf ein Mittelweg zwischen Reißfestigkeit und Lösen im Panikfall geachtet werden.

Ein **anbindesicheres Pferd** ist eine Win-win Situation für alle Beteiligten!
Der Mensch hat freie Hand, das Pferd ruht sich aus und nutzt die Pause.

Das hohe, kurze Anbinden

Dazu eignen sich besonders: Baumstämme, Astgabeln, Balken. Das Pferd wird mit relativ geringem Spielraum höher angebunden.

Vorteil: Das Pferd kann sich nicht verfangen und kommt aufgrund fehlendem Fressen schnell in den Pausenmodus.

Nachteil: Keine Möglichkeit zum Fressen lassen während der Pause.

Wichtig: Binde dein Pferd nie an der Trense an! Das kann zu schlimmen, schmerzhaften Verletzungen führen. Falls du mit Trense unterwegs bist, dann nimm dir immer ein Halfter mit oder ziehe es darunter. Auch bei Knotenhalftern ist große Vorsicht geboten.

Wenn dein Pferd beim Anbinden noch nicht immer geduldig steht, mach dir keine Sorgen.
Bei längeren Touren werden die Pferde automatisch ruhiger, da sie sich auch über eine Pause freuen.

An der langen Leine grasen lassen

Vorteil: Pferd kann während der Pause fressen.

Nachteil: Es birgt ein gewisses Risiko.

Dabei ist wichtig: Das Pferd muss sehr sicher mit dem Seil sein. Es darf auf keinen Fall in Panik geraten, wenn es sich verfängt oder zum Beispiel mit den Vorderbeinen in das Seil tritt.
Prüfe davor genau, ob giftige Pflanzen oder Bäume im Umkreis sind. Hier darf man sich nicht auf den Instinkt des Pferdes verlassen, denn in diesem beschränkten Radius wird es fressen, was ihm unter die Nase kommt. Bleibe immer in direkter Nähe, damit du dein Pferd im Auge behalten und im Notfall befreien kannst.

Es gibt noch weitere Möglichkeiten, Pferde anzubinden, wie zum Beispiel an einem **Hochseil** oder einem **Pflock**. Wir haben damit keine Erfahrungswerte. Wenn du dich für eine dieser Möglichkeiten interessierst, informiere dich unbedingt über eine sichere Vorbereitung und Anwendung.

Vorbereitung der Reisepferde

Noch ein paar hilfreiche Basics:

Bleibt mein Pferd (auf Distanz) zuverlässig stehen?

Wir hatten unterwegs immer wieder den Fall, dass wir Leute nach verschiedenen Sachen gefragt haben, diese hatten jedoch großen Respekt vor den Tieren. Hier haben wir die Pferde auf Distanz abgestellt und konnten so ungestört die Unterhaltung führen.

Stelle dafür dein Pferd ab und gebe ein Stehsignal. Wenn dein Pferd den Ausgangspunkt verlässt, korrigiere es ruhig zurück auf seinen Platz. Gehe immer wieder zum Pferd hin und lobe es, wenn es ruhig stehen geblieben ist.
Jetzt kannst du den Abstand vergrößern. Achte darauf, dass du immer das gleiche Signal für das Stehenbleiben gibst.

Auch hier gilt: Warte nicht darauf, bis dein Pferd einen Fehler macht. Lobe schon die kleinen Fortschritte.

Die Übung kannst du erweitern, indem du dein Pferd aufforderst, auf Distanz zurückzugehen.
Beides lässt sich wunderbar in die alltägliche Arbeit integrieren und macht die Zusammenarbeit sehr viel angenehmer.

Bleibt mein Pferd auf Abstand, wenn ich es fordere?

Engpässe bewältigen

Geht mein Pferd mit mir durch einen Engpass?

Unsere Pferde sind Engpässe grundsätzlich schon gewohnt. Hängerfahrten, enge Stallgassen und Tore tragen dazu bei, dass unsere domestizierten Pferde meistens keine großen Probleme mit den engen Stellen haben.
Anders ist es mit Feenja. Schon der Abstand beim Führen zwischen mir und der Reitplatzumzäunung hat ihr nicht behagt. Wie wird es sein, wenn wir mal über eine Brücke gehen müssen?

So habe ich ihr Schritt für Schritt mehr Sicherheit gegeben. Dafür habe ich sie anfangs zwischen zwei Tonnen durchgehen lassen und diese immer näher zusammengestellt, wenn sie den Abstand entspannt gemeistert hat.
Schnell hat sie diese nicht mehr als Bedrohung empfunden, so wurde ich kreativ und konnte die Anforderung immer mehr steigern.

Schließlich ließ sie sich auf Spielplätzen zwischen bewegenden Schaukeln problemlos durch führen. Vorwärts und sogar rückwärts! Später auf dem Ritt habe ich kaum eine Chance ausgelassen, sie mit verschiedenen engen Räumen bekanntzumachen. Unbesetzte Bushaltestellen eignen sich übrigens wunderbar dafür.

Gleichzeitig übe ich dabei, dass mein Pferd am langen Seil hinter mir durch einen Engpass laufen und anhalten kann, ohne in mich hineinzurennen.

Vorbereitung der Reisepferde

Kann mein Pferd Abstand halten?

Kennst du die Situationen, wenn vor dir eine matschige Stelle liegt und daneben ein leicht überwucherter Pfad? Eigentlich will dein Pferd zu dir auf den Pfad, würde aber mit dem Gepäck hängen bleiben.

Dabei kommt die Frage auf:
Kann ich mein Pferd auf Abstand schicken?

Stelle dir einen Gegenstand wie eine Pylone auf und schicke das Pferd einmal außen herum. Auch im Gelände macht das total viel Spaß. Du kannst zum Beispiel „Volten-Achten" um verschiedene Hindernisse einbauen.
Spiele zwischen Wegschicken, Herholen, Distanz und Gangart, damit es beiden Parteien nicht langweilig wird.

Für fortgeschrittene Teams:

Was ist, wenn etwas am Pferd hängen bleibt?
Dafür simulieren wir die Situation „Sattel unter dem Bauch" und das Hinterherziehen eines lärmigen Gegenstandes. Arbeite unbedingt in einer geschlossenen Fläche.

Schritt 1: Zuerst machen wir das Pferd mit dem Gegenstand bekannt. Es darf ihn beschnuppern, wir streichen es damit ab, lassen es dem Gegenstand hinterher laufen und machen Geräusche damit. Wir können den Gegenstand auch hinter dem Pferd am Seil Hinterherziehen, aber das Seil selbst noch in der Hand halten.

Schritt 2: Nachdem das Pferd keine Probleme (mehr) mit dem Gegenstand hat, binden wir den Klappersack an das Pad/den Sattel. Schließlich wollen wir wissen, wie das Pferd reagiert, wenn etwas mitgeschleift wird.

Falls dein Pferd doch noch losrennen sollte, ist es wichtig, dass du es schnellstmöglich ausbremst und dann im Stehen den Gegenstand entfernst. So lernt das Pferd, dass der Gegenstand sich löst, wenn es ruhig steht, und sich an dich wendet. Auch das „Stopp" Signal und das ruhige Stehen bei dir solltest du immer wieder festigen.

Tipp: Den Gegenstand befestigen wir so, dass wir ihn im Notfall schnell lösen können. (Ihr seht schon, die Mustangs lassen grüßen!) Gehe sehr kleinschrittig vor.
Das Ziel ist **keine** Desensibilisierung in dem Sinne, dass das Pferd ewig rennt, bis es merkt, dass es den Gegenstand nicht los wird. Das Pferd soll Selbstvertrauen und Sicherheit in dieser Situation entwickeln. **Gehe also erst zum nächsten Schritt, wenn du dir relativ sicher bist, dass es ein Erfolgserlebnis für euch beide wird!**

Wenn dein Pferd bereit dafür ist, kannst du auch mal einen Gegenstand UNTER den Bauch binden (z.B. eine Pappkiste oder eine Plane). Lieber zuhause ausprobieren, als möglicherweise im Straßenverkehr.

Klappt es in allen drei Gangarten?
Gratulation.

Zu guter Letzt: *Wie reagiert mein Pferd auf unvorhergesehene Sachen?*

Das findest du tatsächlich nur heraus, indem du es ausprobierst.

Wenn die Übungen auf dem Platz gut klappen, dann geh doch eine Runde raus, mache nach und nach längere Touren und spiele mit Naturhindernissen. *Deiner Kreativität sind keine Grenzen gesetzt* und so lernt ihr euch gegenseitig am besten kennen. Du wirst merken, wie sich später auf einem Wanderritt alles nochmal spielerisch entwickelt.

Mentale & körperliche Vorbereitung

Auch bei uns kam die Frage auf – inwiefern müssen wir und die Pferde körperlich und mental fit sein? Müssen wir vor der Tour speziell Ausdauer trainieren?

Physische Verfassung:

Ob und wie viel ihr vorher trainieren müsst, hängt von eurer Strecke und geplanten täglichen Kilometeranzahl ab. Für eine Alpenüberquerung braucht ihr eine andere Kondition als im flachen Holland.

Eine Grundfitness und Gesundheit bei Mensch und Pferd sind notwendig. Von einem zehnminütigen Spaziergang auf zwanzig Kilometer am Tag zu steigern, wäre dem Körper gegenüber unfair. Wenn du mit deinem Pferd auf einen längeren Wanderritt gehen möchtest, sollten mehrstündige Ausflüge in die Natur für euch kein Problem sein.

Wir haben unsere Pferde vorher öfters über Stangen longiert oder längere Ausflüge gemacht.
Uns selbst haben wir nicht speziell trainiert, zehn Kilometer Fahrrad zum Stall plus Misten und das übliche Outdoorprogramm mit den Pferden hat uns gereicht.

Unsere Tour war anfangs topografisch sehr flach, das war ein guter Einstieg. Wir mussten für uns und die Pferde anfangs häufig Pausentage einlegen. Nach und nach haben wir die Höhenmeter steigen lassen und haben uns an das steigende Tagespensum gewöhnt. Am Ende sind wir locker 8 Stunden am Tag gelaufen und haben uns nach einer ganzen Woche ohne Pausentag noch nicht ermattet gefühlt.

Mentale Vorbereitung der Pferde:

Auch die Leistung der Pferde darf man auf einer Tour nicht unterschätzen. Die Ortswechsel, das Gepäck und neue Reize fordern das Pferd und können auch zu einer kompletten Überforderung führen.

Wir haben die Erfahrung gemacht, dass das Pferd für eine längere Tour wirklich im Charakter gefestigt und mental belastbar sein sollte.

> **Ortswechsel, Futterwechsel und täglich neue Herausforderungen sollte dein Pferd gut bewältigen können.**
>
> Für Pferde, die noch jung, unsicher, sehr sensibel, oder an wenig Reize gewöhnt sind, kann es mental wirklich zu viel sein. Das kann sich auch längerfristig negativ auf die Psyche des Pferdes auswirken.

Ein Pferd, welches die letzten Jahre nur in der Halle geritten wurde, ist mental in der Regel auch nicht bereit, gleich auf eine große Tour zu starten. Hier empfiehlt es sich, die Reize in Form von Ausflügen ins Gelände und Gelassenheitstraining langsam zu steigern.

Dein Pferd sollte in der Lage sein, auch nach kurzen Schreckmomenten wieder zu entspannen und sich den Menschen zuzuwenden.

Wenn dein Pferd und du es gewohnt seid, auch mal mehrere Stunden ins Gelände zu gehen, ist das eine super Voraussetzung um es auszuweiten. Ein Wanderritt wird euer Band und Vertrauen noch weiter festigen.

Ausrüstung für die Pferde

Ein Thema, das sehr komplex ist und viele Seiten füllen würde. Was für dich funktioniert, musst du letztendlich selbst herausfinden. Wir können dir unsere Erfahrungen mitteilen und wie wir dieses Thema gelöst haben.

Angepasste Wanderreitsättel für alle Pferde kaufen? Ganz ehrlich, das konnten wir uns nicht leisten. Für das eigene Pferd ist das möglicherweise eine lohnenswerte Investition – aber zwei von drei Pferden waren nicht unsere eigenen. Wir hatten ja auch nicht vor, mit diesen Pferden ein Jahr lang unterwegs zu sein.

Unsere Überlegung: Wie schaffen wir es, möglichst günstig und mit bereits vorhandener Ausrüstung eine passende und funktionierende Wanderrittausrüstung zu erstellen?

Der passende Sattel

Die größte Herausforderung ist der Sattel.

- Hierbei ist es besonders wichtig, dass der Sattel **sehr gut passt** und über eine **breite Auflagefläche**, sowie großzügige Wirbelsäulenfreiheit verfügt.

- Viele Riemen und Ringe und ein Horn sind hilfreich für die stabile Befestigung des Packsystems.

Estellas Dressursattel haben wir somit nicht mitgenommen, sondern von einer Bekannten einen **baumlosen Wanderreitsattel** geliehen. Aufgrund der Flexibilität hat er super gepasst, hat allerdings durch den fehlenden Baum zum seitlichen Rutschen geneigt. Auf diesen Sattel haben wir nicht zu viel Last gepackt, da er insgesamt sehr weich ist und keine gute Druckverteilung stattgefunden hat.

Es kommt sehr darauf an, wie viel Gewicht auf dem Sattel ist und wie lange du unterwegs sein möchtest. Für wenige Etappen ist es problemlos möglich, ein leichtes Packsystem auf einen als Packsattel weniger geeigneten Sattel oder ein **Pad/Voltigurt** zu bauen.

Es ist eine gute Erfahrung, mal einige Etappen mit selbst zusammengebauter Ausrüstung zu gehen. So merkst du, ob ihr überhaupt Freude am Wanderreiten habt. Du merkst auch, wo es sich lohnt, in eine gute Ausrüstung zu investieren.
Auf unserer ersten viertägigen Wanderung mit ständigem Verrutschen der Ausrüstung (wir hatten Fahrradtaschen und Schlafsäcke mit Seilen auf Reitpads festgebunden) haben wir gemerkt: So wollen wir NICHT auf eine längere Tour gehen.

Wenn du nur ein paar Tage gehen möchtest, ist es auch möglich, deinen passenden englischen Sattel zu benutzen. Für längere Touren und das Festschnallen von Gepäck ist er jedoch nicht ausgelegt.

Mit einem angemessenen Gepäckgewicht lässt sich ein **passender Westernsattel** auch gut zum Packsattel umfunktionieren. Auf Don hatten wir zusätzlich zum Sattel zwischen 14 und 20 Kilogramm Gewicht. Das war unsere persönliche Obergrenze, je nach Gewicht und Körperbau des Pferdes sollte das jeder für sich entscheiden.

Ein zum Packsattel umfunktionierter Westernsattel.

Ausrüstung für die Pferde

Bei hohem Gewicht und einer langen Tour kann ein **Packsattel** durchaus Sinn machen. In Deutschland sowie in Kanada/den Staaten gibt es einige Hersteller, die Kosten liegen meist bei einigen hundert Euro.

Wer das Wanderreiten und/oder Wandern mit Pferd wirklich intensiv betreiben möchte, findet auf dem Markt tolle Wanderreitsättel und Packsättel.

Die Gurtung

Gerade Westernsattel haben häufig eine Gurtung, die den Druck gleichmäßiger verteilt. Bei Pferden, deren Sattelzeug schnell zum Rutschen neigt, lohnt es sich, zusätzlich über weiter Stabilisierungsmaßnahmen nachzudenken.

Der Gurt sollte **an keiner Stelle scheuern** und **ohne drückende Schnalle** zum Pad übergehen. Zwischen Gurt und Ellenbogen sollte genügend Platz sein. Wenn die Gurtung im Stehen gut ausschaut, sollte das Ganze noch im Laufen begutachtet werden.

Wähle ein Material und eine Gurtbreite, mit welchen du in der Vergangenheit bereits gute Erfahrungen gemacht hast. Ein Wanderritt ist nicht der richtige Zeitpunkt, um essentielle Ausrüstungsgegenstände auszuprobieren.

 Es kann gut sein, dass dein Pferd unterwegs etwas abnimmt oder die Pads mit der Zeit zusammengedrückt werden. Wähle deinen Gurt so, dass du nicht beim Loslaufen bereits im kürzesten Loch bist, sondern noch genügend Löcher frei hast.

Vorderzeug, Hinterzeug, oder zweiter Bauchgurt?

Weitere Befestigungsmöglichkeiten des Sattels am Pferd können durchaus sinnvoll sein. Totes Gewicht kommt trotz sorgfältigem Auswiegen schnell ins Rutschen. Besonders wenn du ohnehin ein Pferd hast, bei welchem der Sattel gerne rutscht. Auch bei Steigung oder Gefälle können Vorderzeug und/oder Hinterzeug das Gewicht zusätzlich stabilisieren.

Jeder Riemen scheuert nach einer Weile, darum achte besonders auf Passgenauigkeit und gute Polsterung an den Schlüsselstellen.

Je schwerer das Gepäck, desto größer die Hebelwirkung und das Verrutschen. Somit steigt die Notwendigkeit für ein Vorderzeug oder Ähnliches. Wir haben kein Vorderzeug genutzt, da wir kein passendes für unsere Pferde hatten. Dafür ist einige Male der Sattel unter den Bauch gerutscht – jedes Mal nervig und Stress für die Pferde.

Steffen mit Kaltblut Max auf Tour.
Max trägt einen Packsattel sowie Vorder- und Hinterzeug.

AUSRÜSTUNG FÜR DIE PFERDE

Sattelunterlagen und Pads

Die Wahl des Pads hängt von dem Sattel ab. Packen wir zu viel unter den Sattel, kann auch ein gut passender Sattel zu eng werden. Für einen englisch geschnittenen Sattel ist eine andere Sattelunterlage angemessen als bei einem Westernsattel. Er hat eine andere Passform und Polsterung.

Alles, was über Wochen an der gleichen Stelle auf dem Pferd liegt, reibt. Aus diesem Grund sollte das Pad größer sein als alle über den Sattel ragenden Packtaschen. Die Kanten sollten weich sein.

Wir haben uns bei den westernähnlichen Sätteln für Westernpads entschieden, kombiniert mit original **Woilachen** der Schweizer Armee. Das ist ein Geheimtipp unter Wanderreitern: Eine dünne Wolldecke aus 100% Wolle, sie kann vielfältig verwendet werden. Als Sattelunterlage und Abschwitzdecke, sowie Decke und Schlafunterlage für den Reiter.

So haben wir unseren Woilach gefaltet. Danach auf dem Pferd die restlichen Falten raus streichen.

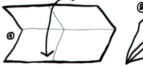

Unsere Reihenfolge:
Woilach direkt auf dem Pferd, Pad, Sattel.

Der Woilach hat die größte Auflagefläche, so entstehen keine Übergangskanten auf dem Pferderücken.
Die verschiedenen Lagen des Woilachs verschieben sich untereinander, so findet die Reibung zwischen den Decken statt und nicht auf dem Pferderücken.

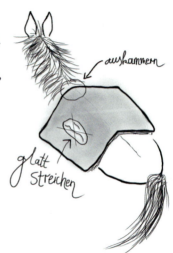

Wir haben hier unsere Erfahrungen bezüglich der Sattelunterlagen mit dir geteilt. Bei anderen Pferden, für andere Anwendungsgebiete oder bei anderen Sätteln können alternative Lösungen mehr Sinn machen. Es gibt viele verschiedene Lösungen, lasse dich da auch noch von anderen Quellen inspirieren.

Woilach unter dem Pad

Überstehende Jacken und Taschen reiben nicht am Pferd. Bei schwerem Gepäck und Sattel sollte zusätzlich noch ein Pad zur Polsterung verwendet werden.

Woilach als Schlafunterlage

Meistens haben wir auf den Westernpads und dem Woilach geschlafen.

Woilach als Decke

Ein gutes Beispiel für einen multifunktional genutzten Gegenstand.

AUSRÜSTUNG FÜR DIE PFERDE

Die Wahl des Kopfstücks

Mit Gebiss oder gebisslos?
Falls du dich entscheidest, gebisslos auf einen Wanderritt zu gehen, sollte das von der **Haftpflichtversicherung** deines Pferdes abgedeckt sein. Prüfe das auf jeden Fall nach.
(Da gibt es je nach Versicherung Unterschiede: Manche Versicherungen decken das Reiten ohne Sattel und Kopfstück ab, manche nicht einmal gebisslos.)

Mit Trense:
Manche Teams gehen lieber mit Gebiss ins Gelände. Beim Wanderritt verursacht jedes zusätzliche Leder am Pferdekopf Hitzestau und bei langen Touren Scheuerstellen. Auf unnötige Riemen an der Trense sollte also verzichtet werden.
Für Pausen gibt es entweder **Wanderreittrensen mit integrierter Halfterfunktion** oder schlichte **Unterziehhalfter**, diese bleiben angezogen unter der Trense.

Gebisslos:
Willst du mehr laufen oder reiten? Je nachdem kann auch ein stabiles **Halfter** mit einem **Führseil** eine gute Option sein.
Manche erfahrene Wanderreiter schwören auf **Knotenhalfter**, da diese eine schmale Auflagefläche auf dem Pferdekopf haben und die Pferde so kaum schwitzen.

Auch ein **Kappzaum** aus Biothane, ein **Sidepull** oder Ähnliches kann gute Dienste leisten.

Egal für was du dich letztendlich entscheidest: Das Material sollte robust sein, es ist schließlich dem Wetter ausgesetzt.

Die Zäumung sollte gut sitzen und **für das Pferd angenehm zu tragen sein**. Bei empfindlichen Pferden oder sehr langen Zeiträumen ist ein Schutz für die Pferdehaut wirklich wichtig.

Wir haben, ohne Scherz, zwischendrin weiche Tücher um die Halfter genäht. Wenn ein Pferd wochenlang jeden Tag von morgens bis abends (und zum Teil in den Wanderreitpaddocks auch bei Nacht) ein Halfter trägt, bekommen die meisten Pferde irgendwann Scheuerstellen. Würden wir nochmal solange auf Tour gehen, würden wir alle am Pferd sitzenden Riemen mit Scheuerpotential bereits vor dem Ritt zusätzlich polstern.

Feenjas Haut im Gesicht und hinter den Ohren war nach einigen Wochen so empfindlich, dass wir sie in ländlichen Gebieten an einem breiten Halsriemen geführt haben, um die Reibungsfläche klein zu halten.
Am besten sollte es gar nicht so weit kommen.

Generell gilt: Am praktischsten ist eine **multifunktionale Zäumung**, mit der du dein Pferd **führen**, **reiten** und **anbinden** kannst.

Sei kreativ! Überlege erst mal, was du alles hast. Aber behalte trotzdem die Gesundheit deines Pferdes im Auge – jede kleine Druckstelle, die nach zwei Tagen kein Problem bereitet, kann bei einer wochenlangen Tour zum Fluch werden.

ZWEI TAGE VOR DER ABFAHRT

Tanja

Sollen wir Estella nicht doch mitnehmen? Ich kann doch nicht ohne sie gehen. Schon immer hatte ich den Traum, so eine Tour mit ihr zu unternehmen. Mit dem eigenen Pferd! Mit ihr hat doch alles angefangen. Viele Erinnerungen der letzten Jahre kommen in mir hoch, an all die Abenteuer, welche wir bereits gemeinsam erlebt haben. Und es wartet noch so viel mehr auf uns!

Das Filmprojekt über die Mustangs wird nicht zustande kommen. Zwei Tage vor Abreise ist das klar. Von daher ist es kein Problem mehr, wenn ein Spanier mit zur Truppe gehört.

Ganz vorsichtig habe ich meine Mutter an die Idee gewöhnt. Übermäßige Begeisterung habe ich nicht erfahren, aber auch kein Nein. Eine Nacht habe ich gegrübelt, doch ich wusste: Estella soll mitkommen.

Wie alles begann

DER LETZTE TAG
& TAUSEND DINGE ZU ERLEDIGEN

„Egal wie lange wir versuchen einen Plan zu machen, am Ende kommt immer alles zusammen."

Bettina

Am vorletzten Tag vor der Abfahrt wurde klar: Der Film über die Mustangs wird nicht gedreht. Puh, gut dass wir uns um die Ausrüstung selbst gekümmert haben.
Das bedeutet für uns jetzt, die ganze Tour läuft komplett auf eigene Kosten und in der vollen Verantwortung für drei fremde Pferde. Irgendetwas läuft da schief ...

Was ist dieses Abenteuer ohne Estella, die uns dort hingebracht hat?

Am Tag vor der Abfahrt telefoniere ich morgens mit Tanja, es ist die finale Entscheidung, ob Estella anstatt Sage mitkommt. Sage wäre top für den Ritt, aber Feenja wird sowieso mitkommen und ich hätte Don gerne dabei. So fällt die Entscheidung.

In einer halben Stunde kommt der Amtstierarzt, um eigentlich Feenja, Don und Sage für die Ausreise freizugeben. Er hat bereits die Dokumente für diese drei Pferde. Wenn Estella nicht freigegeben wird, können wir sie sowieso nicht mitnehmen. Dann gäbe es kein Zurück mehr.

Wir müssen das Telefonat abbrechen, denn ich muss schnell los in den Stall, um die Pferde für den Tierarzt zu holen.
Während ich zur Koppel jogge, telefoniere ich mit der zukünftigen Besitzerin von Sage. Zusammen beschließen wir, dass wir Sage nicht nach Frankreich mitnehmen werden und sie direkt zu ihr in ein schönes Zuhause kommt.

Also hole ich statt Sage Estella von der Koppel – auf einmal wird mir klar, dass wir neben den fehlenden Ausreisedokumenten ihren Equidenpass gerade nicht am Stall haben. Ohne ihn gibt es keine Ausreisegenehmigung.

Ich rufe bei Tanja an, die sich sofort zwischen vier anderen Terminen zum Stall aufmacht, um den Equidenpass zu bringen. Was für ein Chaos!

Der Amtstierarzt ist da ... und alle Pferde dürfen ausreisen. Juhu! Estellas Papiere macht er nachträglich fertig, diese können wir später abholen.
Der restliche Tag verfliegt in Windeseile. Vor lauter Pferden, Vorbereiten der Videoupdates und Bewerbungen fürs Studium kam ich noch gar nicht dazu, meine eigenen Sachen für die nächsten zwei Monate zu packen.
Als ich ins Bett gehe, ist es weit nach Mitternacht.

Es ist wie verhext. Egal wie viele Monate wir vorausplanen, es läuft bei uns niemals nach Plan. Wer in unserer Umgebung nicht auch spontan und flexibel ist, bekommt mit uns wirklich die Krise.
Immerhin: Am Ende hat es bis jetzt immer geklappt.

Monatelang habe ich mir die ungefähre Strecke in den Süden angeschaut. Habe einige schöne Höfe auf der Strecke rausgesucht, das Höhenprofil analysiert und schöne Naturstellen aufgeschrieben.

Doch wir haben uns entschieden: Wir starten am gleichen Ort, es wird jedoch stattdessen nach Norden gehen. Das ist praktischer zum Abholen, und da kein Film gedreht wird, nehmen wir die nicht so spektakuläre Landschaft in Kauf. Landschaftlich schön wird es trotzdem.
Die Streckenkenntnis ist gleich null. Kein einziger Stall ist herausgesucht, wir haben keine Karte, nichts. Das Elsass soll wohl ganz schön sein.
Mit einem Schmunzeln haben wir beschlossen, wir reiten einfach der Nase lang, die Sonne immer im Rücken.

Das wird ein Abenteuer.

Unsere Reisebegleiter

Hola Amigos!

Ich heiße Estella und in meinen Adern fließt spanisches Blut. Mit Bettina und Tanja habe ich schon viel erlebt.
2006 habe ich das Licht der Welt erblickt und seit 2010 begleite ich die beiden Mädels auf ihrem Weg.
So viel zu den Daten und Fakten.
Ich bin mutig, abenteuerlustig und schlau *schulterklopf*.
Außerdem bringe ich meine Gefühlslage klar und deutlich zum Ausdruck und sage gerne meine Meinung.
Während des Wanderritts habe ich die Truppe mit meinen lustigen Einfällen schön auf Trab gehalten – mit mir gibt's keine Langeweile!

Hey stranger, ich bin Feenja.

Irgendwie finde ich die Menschenwelt etwas seltsam. Eine starke Geräuschkulisse und viele stinkende Blechteile, die fahren können. So etwas habe ich in neun Jahren nicht zu sehen bekommen.
2009 kam ich in der freien Wildbahn zur Welt, hatte schon mehrere Fohlen und eine tolle Herde. Außerdem bin ich eine Überlebenskünstlerin, ich spüre jedes Gewässer und liebe die Natur.
Vor drei Jahren wurde ich eingefangen, es gab zu wenig Fressen für uns alle. Nun bin ich in Deutschland und verbringe viel Zeit mit Tanja.
Sie zeigt mir die Welt der Menschen.

Hi Guys!

I'm Shadybrooks Red Don.
Sorry for my Deutschkenntnisse
– seit zwei Monaten (März 2018),
bin ich in Deutschland. Ich bin ein
waschechter, sensibler Amerikaner.
Mit meinen neuen friends habe ich mich
schon gut angefreundet – und habe am
liebsten das letzte Wort.

2014 bin ich in der freien Wildbahn geboren.
Nach 2 Jahren wurde ich eingefangen und
mit den humans bekannt gemacht.
Man sagt, ich sei für ein Projekt nun in
Germany.
Wie auch immer, an die saftigen Wiesen
habe ich mich definitiv schon gewöhnt
und fühle mich in Bettinas Händen gut
aufgehoben.

Mit Pferd ins Ausland?

Mit Pferd im Hänger über die Grenze fahren, was muss ich beachten?

Darüber handfeste Angaben zu bekommen ist schwierig. Wir haben etwas nachgeforscht.

Wichtig: Diese Angaben sind nur Anhaltspunkte und Erfahrungen von uns und rechtlich nicht verbindlich. Bitte informiert euch selbst, bevor ihr losfahrt. Wir haften nicht für Schäden, die euch entstehen, falls unsere Angaben fehlerhaft sind.
Sie sollen deutlich machen, dass man mit Pferden nicht einfach über die Grenze fahren darf.

Ausreisebestimmungen:

- Generell muss man vor jeder Ausreise mit Pferden ins EU-Ausland die **Vorschriften des Einreiselandes** beachten.
- Infos gibt es beim Veterinäramt des Landratsamts und auf den Internetseiten der jeweiligen Botschaft.

- Falls man in die **Schweiz** reisen möchte, wird es komplizierter, weil man **zusätzlich zu der Gesundheitsbescheinigung** noch **Zollformalitäten** erledigen muss. Entweder als Carnet Ata (IHK) oder als Freipass direkt am Zoll. Außerdem braucht man noch eine Bestätigung des Stalls, zu dem man reisen möchte.
- Es ist auf jeden Fall ratsam, rechtzeitig mit den Behörden in Kontakt zu treten oder eine Spedition zu beauftragen.

Die offizielle Begründung für das Verlangen des Gesundheitszeugnisses seitens der Behörden ist, dass man über die Reisen der Tiere informiert sein möchte, um im Seuchenfall schnell handeln zu können.
D.h. man will Seuchenherde schnell identifizieren können und die Ausbreitung von Seuchen vermeiden.
Darum muss man sich vor jeder Reise neu informieren, weil sich die Reisebestimmungen je nach Seuchenlage ändern können.

Wir sind im Jahr 2018 für 1,5 Monate nach Frankreich gereist. Dafür braucht man ein Dokument genannt „Traces".
Dieses beinhaltet eine Gesundheitsbescheinigung und wird vom Amtstierarzt ausgestellt. Dieser ist ein Angestellter beim Veterinäramt des Landratsamts.
Die Einreisebedingungen für Pferde nach Frankreich können auf der Seite der französischen Botschaft nachgelesen werden:
https://de.ambafrance.org/Haustiere-Einreisebestimmungen

Vorgehen vor und bei der Ausreise:

- Das Pferd braucht einen **Equidenpass** und muss **gechipt** sein.

- Vor jeder Reise ins Ausland haben wir **zwei bis drei Wochen vorher** mit dem Veterinäramt des für uns zuständigen Landratsamts Kontakt aufgenommen und den Besuchstermin des Veterinärs vereinbart.

- Das Pferd muss vor der Untersuchung durch den Amtstierarzt mindestens **15 Tage im selben und seuchenfreien Stall** gestanden haben und darf nicht mit Tieren in Kontakt gekommen sein, die an einer Infektionskrankheit litten.

- Zur Vorbereitung des Besuchs des Amtstierarztes bekamen wir ein **Formular zum Ausfüllen**, auf dessen Grundlage das Veterinäramt dann das **Traces** erstellt hat.

- Gefragt wurde nach den Lebensnummern der Pferde, Autonummern vom Zugfahrzeug und Anhänger, Name und Adresse des Fahrers, sowie Heimatstall und Zielort in Frankreich. Außerdem nach Datum der Abfahrt und der Ankunft am Zielort, und den Transitländern, welche wir möglicherweise durchqueren.

Mit Pferd ins Ausland?

Fristen beachten:

- Die **Ausstellung von Gesundheitsbescheinigungen/Traces** erfolgt durch den **Amtstierarzt frühestens 3 Tage vor der Abreise.** Man muss die Öffnungszeiten der Behörden beachten und die Reise ggf. anpassen.
  Die Bescheinigung ist für die Rückreise 10 Tage gültig. Innerhalb dieser Zeit kann man dann aus Deutschland aus- und wieder einreisen.

- Soweit uns bekannt, gelten bei der Wiedereinreise dieselben Fristen. Das ist bei einem Wanderritt gar nicht so einfach, weil man vorher keine zwei Wochen im gleichen Stall ist. Möglicherweise ist es einfacher, über die Grenze zu reiten. Auch dafür gibt es Regeln und man muss bestimmte Dokumente mit sich führen. Solche Fragen sollten bereits vor dem Wanderritt geklärt sein.

- Schwierig wird es, wenn man ins Ausland möchte und davor in Deutschland mehrtägige Fahrtunterbrechungen macht, z.B. einen kleinen Urlaub unterwegs. Dann schafft man die Drei-Tages-Frist nach erstellen der Dokumente zur Ausreise nicht und das Landratsamt woanders kann auch kein neues Dokument ausstellen, weil das Pferd kürzer als 15 Tage dort war.

Zu den genauen Fristen: Jeder sagt etwas Anderes, zum Teil haben sich auch die Ämter in ihrer Aussage widersprochen. Informiere dich darüber bei deinem zuständigen Veterinäramt.

Heimlich über die Grenze fahren?

Ich habe mal ganz frech gefragt, was eigentlich passiert, wenn man diese Dokumente nicht ausstellen lässt und einfach so über die Grenze fährt. Die Antwort war, dass es bekannt ist, dass gerade Freizeitreiter das gerne tun. Zum Beispiel, wenn man vom Ruhrgebiet ein paar Tage nach Holland ans Meer möchte. Es sei aber keine gute Idee.

Die Strafen sind hoch, es kann bis zum kostenpflichtigen in Quarantäne Stellen des Pferdes gehen. Außerdem kann es ein Tierhaltungsverbot nach sich ziehen, weil man unzuverlässig ist.
Ob es wirklich soweit kommt, wissen wir nicht. Eine saftige Geldstrafe wird jedoch höchstwahrscheinlich fällig. Vermutlich ist die Gebühr des Amtstierarztes gering, im Vergleich zur Strafe, wenn man erwischt wird.

Kosten: Das Landratsamt bei uns hat für das Ausstellen des Traces Dokuments inkl. Gesundheitszeugnis, Anfahrt und Untersuchung der Pferde durch den Amtstierarzt 50 Euro pro Pferd verlangt.
Die Gebühren können je nach Landkreis variieren.

Unser Fazit:

Ins Ausland mit Pferd zu fahren, ist mit Aufwand und Kosten verbunden. Mit genügend Vorausplanung aber trotzdem machbar!
Man sollte sich einfach fragen, ob sich der Aufwand lohnt - oder ob die Eifel oder die Mark Brandenburg nicht auch schöne Ziele sein könnten.

Salut la France! Es geht los.

„Sag mal Bettina, wohin reiten wir eigentlich?"

Tanja

Nach vielleicht drei Stunden Schlaf springe ich förmlich aus dem Bett. Es geht tatsächlich los, kaum zu glauben! Nach dem Stress der letzten Tage kann ich es kaum realisieren.
Seit Monaten arbeiten wir auf diesen Moment hin.

Die To–Do Liste hat nur noch wenige, aber wesentliche Punkte. Fertig packen, Ausreisedokumente für Estella abholen, alles ins Auto laden, den Auslauf der Pferde misten und im Stall auschecken.

Im Stall verabschieden wir uns noch von Sage, denn sie kommt in ein schönes Zuhause zu ihren Besitzern. Es ist seltsam, sie nach dieser Zeit gehen zu lassen. Doch es fühlt sich richtig an, mein eigenes Pferd auf dieses Abenteuer mitzunehmen.

Ich kann erst aufatmen, als die Pferde dann wirklich im Anhänger stehen. Unsere Eltern werden uns nach Frankreich bringen und dort selbst noch zwei Tage verbringen.
Die Wochen der Ungewissheit und vieler neuen Eindrücke liegen vor uns. Kein Tag wird dem anderen gleichen - das Abenteuer ruft.

Salut la France! Als wir die französische Grenze passiert haben, wird es immer ländlicher. Wir fahren auf langen Landstraßen und durch die dichten Wälder Frankreichs. Manchmal erblicken wir lange keinen Menschen.

Wahrscheinlich wäre mir das normalerweise gar nicht aufgefallen. Hier werden wir über mehrere Wochen herumwandern und dies unser Zuhause nennen.
Nach mehreren Stunden ist es soweit, wir laden aus und lassen die Pferde ankommen. Hier werden wir die letzten zwei Tage den Komfort eines festen Ortes genießen und unsere Ausrüstung zusammenpacken.

Im Startstall in Sancey-le-Petit verbringen wir schöne Tage. Die Pferde stehen auf einer riesigen Wiese, auf welcher sich einige Geländehindernisse befinden. Estella steht das erste Mal mit Don und Feenja zusammen, es klappt problemlos.

Nach einem französischen Frühstück kümmern wir uns um unsere Versorgung. Was sollen wir eigentlich an Essen einkaufen?
Ein größerer Supermarkt ist bereits mit dem Auto 20 Minuten weg, also kaufen wir lieber etwas mehr ein.
Mit Reis, Nudeln und Haferflocken haben wir uns eine Basis geschaffen, etwas Dosengemüse und Obst, sowie einige Notrationen Erdnüsse kommen noch hinzu.

Auch sonst haben wir noch einiges zu tun. An die Riemen von unserem Packsystem nähen wir noch ein paar zusätzliche Schlaufen an und packen die Packtaschen als letzten Check auf die Pferde.
Feenjas Konstruktion ist etwas provisorisch. Wir stellen unsere Bastelkünste unter Beweis und zurren mit Spanngurten Packtaschen an ihr Pad. Da wir keinen dritten Sattel haben und Feenja sowieso nicht so viel Gewicht bekommen wird, muss das reichen.
Feenja wird zum „Pferd der Ressourcen" gekrönt. Sie trägt einen Teil von unserem Essen, sowie das mobile Solarpanel für das Aufladen von Foto und Handy.

Ich merke auch, dass das Anbinden noch Verbesserungspotenzial hat, denn sie bleibt am Anbindeplatz nicht stehen. Dafür bin ich erfreut, wie toll sie die Packtaschen akzeptiert! Das scheint für sie überhaupt kein Problem mehr zu sein.

„Sag mal Bettina, wohin reiten wir eigentlich?"
Heute sollten wir mal die Route der nächsten Tage klären. Den ersten Hof haben wir ausgemacht, das war uns wichtig. Danach wissen wir nicht, was uns erwartet. Probehalber suchen wir im Internet nach weiteren Reitställen Richtung Norden, doch es sieht mau aus.

Ich kann es immer noch nicht wirklich glauben, wie viel Zeit wir auf einmal haben. Immer wieder muss ich mich selber daran erinnern, dass der stressige Alltag vorerst hinter uns liegt. Morgen laufen wir los.
Die Welt scheint sich langsamer zu drehen.

KREATIVE PACKSYSTEME

Die verschiedenen Packsysteme beziehungsweise Packtaschen waren für uns anfangs mit die größte Hürde. Auf der einen Seite wollten wir kein Vermögen ausgeben, auf der anderen Seite war uns eine ordentliche Qualität zur Sicherung unseres Hausrats wichtig.

Was gibt es für Packtaschen?

Hier kommt es wieder darauf an, ob du laufen oder reiten möchtest und ob du ein Packpferd dabei hast.
Sehr praktisch sind **Vordertaschen/Horntaschen,** diese werden vorne über das Horn gehängt und bieten Platz für Kleinigkeiten, Notfallsets und schnell greifbare Ausrüstung sowie Proviant.

Hinter deinem Bein können die **Hintertaschen** liegen. Diese werden hinter die Sitzfläche des Westernsattels/Wanderreitsattels gehängt und verteilen ihr Gewicht so noch über den Sattelbaum. Sie bieten mehr Stauraum und eignen sich gut als Lagerort zum Beispiel für Kleidung, Regenponcho oder größere Trinkflaschen.

Direkt hinter der Sitzfläche ist Platz zum Festbinden der Jacke oder für eine „**Banane**". Diese Tasche ist ihrem Namen entsprechend geformt und passt sich so der Form des Sattels an.

All diese Taschen sind um den Reiter herum gebaut. Möchtest du dein Pferd nicht reiten, kannst du **die Sattelfläche für Packlast nutzen**. Unsere Kreationen stellen wir dir auf den nächsten Seiten vor. Da das Pferd das Gewicht des Reiters nicht trägt, können wir hier auch größere Packtaschen nutzen, zum Beispiel **umfunktionierte Packsäcke** aus dem Outdoorbereich. Diese gibt es in verschiedenen Größen und Formen, sie sind sehr stabil und wasserdicht. Die Konstruktion zum Befestigen am Sattel liegt jedoch in deiner Hand. Manche Wanderreiter nutzen auch stabile Rucksäcke oder leichte Kisten auf ihren Packpferden. Schaue dir verschiedene Seiten an und lass dich inspirieren!

Worauf sollte ich bei der Auswahl von Packtaschen achten?

- **Funktionalität kommt vor der Optik.** Gerade in den handelsüblichen Reitsportläden gibt es einige nett aussehende Packtaschen. Doch bei genauerem Hinsehen haben sie schwache Nähte und Reißverschlüsse. Achte auf **stabile Verarbeitung**, besonders wenn du länger unterwegs sein möchtest.

- **Gute Befestigungsmöglichkeiten** am Sattel. Gerade bei kreativen Konstruktionen sind einige Riemen und Befestigungsringe an verschiedenen Seiten des Sattels und der Packtasche viel wert.

- **Lässt sich die Packtasche vollständig schließen?** Bei unvorhergesehener Action kann der Inhalt auch mal ordentlich durchgeschüttelt werden. Die Packtasche sollte so zu schließen sein, dass sie ihren Inhalt nicht sofort verliert, wenn sie mal über-Kopf gedreht wird.

- **Stabiles Material.** Ob Leder oder Nylon ist eine persönliche Entscheidung. Leder ist natürlich ein Kostenfaktor, schwerer und aufwendiger zu pflegen. Doch manche erfahrene Wanderreiter schwören darauf.
An wasserdichte Packtaschen zu kommen ist schwer möglich. Wir haben festgestellt, dass das jedoch gar nicht unbedingt nötig ist. Bei Regen soll nicht nur der Inhalt der Packtaschen trocken bleiben, sondern auch die Sättel. Darum haben wir die ganze Konstruktion bei den ersten Regentropfen sofort mit Planen geschützt.
Gut wasserabweisend und Schmutz verträglich sollten die Taschen jedoch sein.

Kreative Packsysteme

Unsere Eigen-Kreationen:

Wahrscheinlich sind wir etwas empfindlich, aber wir wollten nicht, dass die Pferde das Gewicht so weit hinten auf dem Rücken tragen müssen. Darum haben wir die Packtaschen über die Sitzfläche gehängt und mit Karabinern und Spannriemen festgezurrt.

Möchte man gerne reiten, schnallt man die Taschen wie vorgesehen hinter dem Sattel fest.

Estellas Packsystem:

Durch den Grand Canyon würde ich damit nicht reiten, dennoch waren wir sehr zufrieden.

Von unten nach oben: Gefalteter Woilach, Westernpad, baumloser Wanderreitsattel, Nylongurt mit Gurtschoner.

Packtaschen: Große Leder-Hintertaschen über die Sitzfläche gehängt, mit Spannriemen und Karabiner oben am Horn und unten beidseitig am Sattelgurt befestigt.

Vorne über das Horn sind Vordertaschen gehängt.

Einen Reithelm und ihre Ekzemerdecke sind mit Riemen und Karabinern am Horn befestigt und liegen oben auf der Sitzfläche.

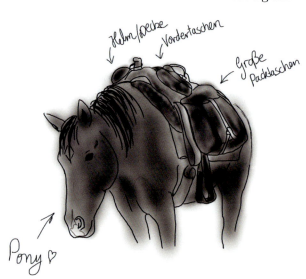

Dons Packsystem:

Don hatte ein richtiges Packsystem auf seinem Westernsattel. Diese Konstruktion ist rein auf das Tragen ausgelegt, Reiten ist dabei nicht möglich.

(Informationen zu diesem tollen Packsystem findest du bei Vroni und Steffen unter www.im-sattel-ans-meer.de)

Zwei 50 Liter Packsäcke aus dem Outdoorgebrauch waren auf beiden Seiten am Sattel befestigt, außerdem Horntaschen für Kleinigkeiten. Auf der Sattellage wäre genügend Platz gewesen für eine weitere Tasche, diesen Platz haben wir jedoch aus Gewichtsgründen nicht mehr genutzt. Die Taschen wurden jeden Tag genau ausgewogen, um eine ungleiche Belastung zu vermeiden.

Diese Skizze zeigt ein Beispiel für schlechtes Packen:
Das Pad ist kürzer als die Packsäcke, welche dadurch am Pferd scheuern könnten. Zudem ist der Packsack zu weit hinten befestigt und die Spannriemen sind nicht fest genug.
Er könnte weiter vorne, weiter oben und näher am Sattel befestigt sein! So wird auch die Rutschgefahr kleiner.

Kreative Packsysteme

Feenjas Packsystem:

Für Feenja war es nicht möglich, so schnell einen passenden Sattel zu finden. Da wir nicht vorhatten, viel Gewicht auf sie zu packen, haben wir improvisiert.
Über dem Woilach ist ein Reitpad, über welches die Hintertaschen gehängt sind. Diese sind oben am Pad befestigt, sowie an beiden Seiten unten am Gurtriemen. Das hat super funktioniert und ist während der ganzen Tour nie unter den Bauch gerutscht.

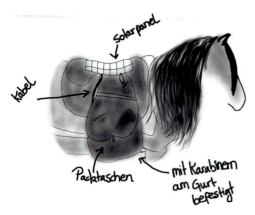

Allerdings würden wir diese Lösung nur bedingt weiterempfehlen. Trotz mehrfacher Polsterung ist der Druck noch relativ punktuell.

Wir würden es nur bei kurzen Touren (ein paar Tage) verwenden und bei längeren Touren nur mit wenig Gewicht.

Die Gepäckwaage:

Beim Packen darf man nichts dem Zufall überlassen. Alles muss perfekt ausgewogen sein, sodass es keine Druckstellen auf dem Pferderücken gibt.

Jeden Morgen haben wir unsere kompletten Taschen mit einer Gepäckwaage ausgewogen.
Eine solche oder eine ähnliche Gepäckwaage oder Kofferwaage findest du in vielen Geschäften und im Internet. Sie ist ihr Geld wert!

Weitere Konstruktionen:

Hier wird deutlich, wie viel Zeit Packen in Anspruch nimmt.

Bis alles ausgewogen ist und sitzt, können einige Stunden vergehen.

Ein durchdachtes Packsystem erleichtert die tägliche Arbeit.

Die Taschen werden mit Karabinern und Spannriemen fest an den Sattel gezogen.

Fotos 1, 2: www.im-sattel-ans-meer.de

Paulina und Nocha.

Im Sommer kann ein Schutz des Pferdes vor Fliegen und Bremsen sinnvoll sein.

Die heilige Ordnung

Am Anfang ist es unglaublich viel Zeug und wir waren ständig am Suchen. Doch nach einer Weile weiß jeder genau, wo sich welcher Ausrüstungsgegenstand befindet. Auch du wirst deine **individuelle Ordnung finden**. Um dir etwas bei der Planung zu helfen, geben wir dir einen Einblick in unsere Aufteilung der Sachen.

Zur Verfügung haben wir verschiedene Taschen:
- *Don:* Zwei 50l Packsäcke, Horntaschen für Kleinigkeiten
- *Estella:* Hintertaschen groß, Horntaschen für Kleinigkeiten
- *Feenja:* Hintertaschen klein

Don:

In den großen **Packsäcken** hatten wir hauptsächlich die Sachen, die wir tagsüber nicht gebraucht haben, da sie sich nur umständlich öffnen lassen.
Hier waren das **Weidezaunset** (Stromgerät, Litze, Stangen, Isolatoren...) und das **Zelt** verstaut. Außerdem die **Isomatte** und die beiden **Schlafsäcke**.

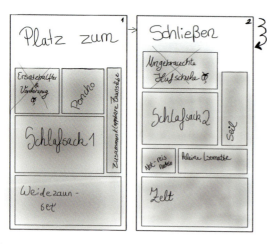

Je nach Witterung auch die **Bremsendecken** oder **Planen** und **Ponchos**.

Zusätzlich selten gebrauchte Utensilien, wie **Ersatzhalfter**, ein **langes Seil**, **Hufschuhe**, **Sandalen** und **Essens-Notrationen**.

Je nach der Menge an Essen und Trinken:
6-9 kg pro Seite

Estella:

Estellas Packtaschen haben wir **aufgeteilt in „Seite Bettina" und „Seite Tanja"**. Es waren jeweils in jeder Tasche:

- 2 T-Shirts, Outdoorbluse
- Lange Hose, kurze Hose, Leggins/Sporthose
- Fleecepullover
- Unterwäsche und Socken
- Übergangsjacke
- Je nach Witterung: Plane, Regenponcho
- Trinkflasche/n
- Essen
- Hygienebeutel
- Tagebuch
- Ladegeräte Handy

Zusätzlich mit Karabinern oben am Horn befestigt: Reithelm, Ekzemerdecke.

Je nach der Menge an Wasser zwischen **4-6 kg pro Seite**.
Das bedeutet, insgesamt zwischen 8-12 kg.

Die heilige Ordnung

Feenja:

Diese Packtaschen haben in ihrem Füllstand und im Gewicht stark variiert, je nachdem ob es vor oder nach dem Einkauf war. Feenja hatte die höchst verantwortungsvolle Aufgabe, unser Essen zu transportieren.

- Je nach Region mehr oder weniger Essen
  (Etwas frisches Obst und Gemüse, Haferflocken, Reis, Nudeln, Linsen, Couscous, Tomatensauce, Bohnen oder Erbsen im Glas, kleines Öl, Rosinen, Salz, Erdnüsse, manchmal Brot, Käse)
- Sehr kleiner Campingkocher und Campinggas
- Große Tupperbox
- Besteck und Plastikgeschirr
- Viele Klammern und Tüten, zum Verschließen von offenen Lebensmitteln.

Auf den Taschen: Plane, Solarpanel mit angeschlossener Powerbank.

Das Gewicht liegt zwischen **1-4 kg pro Seite**.

Wir hatten zudem **zwei Horntaschen** mit jeweils zwei Fächern.

Horntasche Estella:

- *Links:* Kompass, Taschenmesser, zusammengefaltete Karte, mini-kleines Französischlexikon (haben wir nie gebraucht), übrige Spannriemen und Klammern.
- *Rechts:* Unser komplettes Näh- und Notfallreparierset.

Horntasche Don:

- *Links:* Unser „Putzkasten" mit zwei Hufauskratzern, zwei Allzweckbürsten und einer Mähnenbürste. Außerdem die „Scheißtüte" zum Aufsammeln von Mist, sowie ein Panzertape.
- *Rechts:* Erste-Hilfe Set Mensch und Pferd, Bremsenschutzpaste.

Wichtige Ausrüstungsgegenstände immer am Körper tragen!

Wir haben beide ständig eine Hüfttasche getragen, mit Handy, Geldbeutel, Personalausweis und Bankkarte. So ist das im Notfall schnell zu greifen.

Außerdem trug Tanja noch einen Rucksack mit den Equidenpässen, Ausreisepapieren der Pferde und der Kameraausrüstung.

Die erste Etappe – Noch mit Mamas Gepäcktransfer

"Obwohl wir schon oft mit den Pferden spazieren waren, ist es anders. So viele Wochen und Abenteuer liegen vor uns."

Bettina

Es geht los! Es fühlt sich gut und gleichzeitig unwirklich an. Für eine Etappe haben wir noch Schonfrist. Tanjas Mama fährt uns einmal das Gepäck, bevor wir wirklich alleine sind. Eine Strecke von angeblich elf Kilometern liegt vor uns.

Wir satteln, Don hat auf einmal Angst vor dem Woilach. Heute haben wir die Sättel drauf, aber noch keine Packtaschen.
Wir machen ein Gruppenbild, dann laufen wir los. Obwohl wir schon oft mit den Pferden spazieren waren, ist es anders. So viele Wochen und Abenteuer liegen vor uns. Wie sagt man so schön? „Eine Reise von tausend Meilen beginnt mit dem ersten Schritt."

Wir laufen und probieren erst mal alle möglichen Kombinationen von Pferden durch. Don und Estella laufen schnell und drängeln vorwärts, Feenja geht langsam. Uns ist schon zuhause aufgefallen, dass sie einen gemütlichen Schritt hat – aber so langsam? Es ist kaum möglich, sie mit den anderen Pferden zusammen zu führen.

Nach einiger Zeit wird es besser. Wir bestaunen die französische Landschaft, bewaldeten Hügel und französische Dörfer. Obwohl wir drei Pferde haben, reiten wir kaum. Feenja wurde erst einmal im Schritt auf dem Platz geritten, Don ein paarmal im Schritt. Ich sitze einmal drauf, er geht lieb mit der Gruppe mit, doch ich steige bald wieder ab. Ich habe noch nicht das Gefühl, dass das Stoppsignal wirklich sitzt.
Trotzdem ist es ein epischer Moment!

Ein witziger Fakt am Rande: Estella findet die vielen Kühe komischer als die Mustangs. Diese beäugen wiederum jeden Gullydeckel und jede Mülltonne. Doch wir machen uns keine Sorgen bezüglich dieser Themen. Wir werden noch an viiiiielen Gullydeckeln vorbeikommen.

Auf den letzten Kilometern kommt ein Auto an uns vorbei, welches gleich anhält und dessen Fahrer uns anspricht. Ah, die Wanderreiter! Wir sind auf dem richtigen Weg – und werden bereits erwartet. Eine Gruppe von Jugendlichen läuft uns entgegen, welche uns bereits an dem Hänger erkannt haben, mit dem Tanjas Mama gekommen ist. Verrückt! Und das mitten im Nirgendwo in Frankreich.
Wir sind auf einem sehr schönen Ferienhof gelandet und dürfen die Pferde auf eine große Koppel stellen. Unsere drei Pferde machen sich gleich vom Acker und erkunden ihr neues Reich.

Zusammen mit dem Hofbesitzern essen wir zu Abend und erfahren eine Menge über das Leben in Frankreich auf dem Land.
Aus einem Milchbetrieb haben sie einen Ferienhof mit vielen verschiedenen Tieren für Familien aufgebaut. Es gibt verschiedene Hütten zum Übernachten, ein Plumps-Klo und eine Solardusche. Hier tickt die Zeit wirklich langsamer.

Mit den Kindern setzen wir uns abends ans Feuer, doch werden bald von einem starken Gewitter vertrieben. Wir rennen noch zum Hänger, um unsere Sachen zu holen. Als wir in der niedlichen Hütte ankommen, in der wir übernachten werden, sind wir klatschnass. Was für ein Unwetter! Und was für ein Glück, dass wir ausgerechnet heute eine fest überdachte Übernachtung haben. Unser Zelt und der mobile Paddock hätten das nicht durchgehalten ... und es ist Unwetterwarnung für die ganze nächste Woche.

Für den nächsten Tag ist wieder ein Gewitter angesagt, und so beschließen wir, uns und den Pferden eine Pause zu gönnen. Hier ist es soooo schön. Wir richten nochmal unser ganzes Gepäck und trainieren mit allen Pferden eine Runde auf dem Reitplatz.
Es ist Feenjas erster Trab unter dem Reiter!

Ohne Eltern – Jetzt geht es wirklich los!

„Eine Gewitterwarnung, drei hungrige Pferde und eine ungewisse Übernachtung hängen uns im Nacken..."

Tanja

Wir können nun fast den Club für „Wanderreitidioten" gründen. Vielleicht sind wir auch zu streng mit uns, denn heute sind wir den ersten Tag ganz alleine unterwegs. Ohne Gepäcktransfer, ohne wirklich geplante Übernachtung.
Um sieben Uhr aufstehen, frühstücken, ein gefühltes letztes Mal duschen (natürlich in der Solardusche, die morgens noch nicht viel Sonnenwärme abbekommen hat) und Packtaschen befüllen.
Ganze VIER Stunden benötigen wir für das Packen und Beladen der Pferde.

Wir merken, dass die Pferde noch einiges an Erziehung benötigen, denn sie machen es uns nicht wirklich einfach.
Estella steht nicht still, gräbt ein Loch in den Boden und zappelt herum, während ich die Hufschuhe anziehe.
Don findet den Woilach nach wie vor komisch und hat eigentlich auch nur eines im Kopf: Das frische Gras vor seinen Füßen.

Da wir Don und Feenja nicht anbinden können, muss sie immer jemand halten. Das macht die ganze Prozedur doppelt so langsam und nervenaufreibend.
Die Leute um uns herum machen schon Witze, ob wir nicht doch noch einen Tag hier verbringen wollen. Nein! Heute ist der richtige Tag, um wirklich loszuziehen.

13.40 Uhr.
Nachdem wir uns von meiner Mutter verabschiedet haben, kommen wir endlich los. Wir laufen durch einen schönen Wald und über sanfte Hügel, ich liebe das Zirpen der Grillen und die frische Luft.

Am Abend davor wurde uns eine Adresse von einem Hof gegeben, der ungefähr 20 Kilometer weit weg ist. Zwar haben wir die Besitzerin telefonisch nicht erreicht, trotzdem wollten wir versuchen, dort einen Übernachtungsplatz zu finden.
Insgesamt ist es sehr warm und wir merken, dass wir langsam ermüden.

Gegen 17 Uhr erblicken wir die tiefschwarzen Wolken am Himmel, es riecht nach Gewitter. Zu Sicherheit haben wir die Pferde mit unseren Planen und Ponchos abgedeckt und halten nach einem Unterschlupf Ausschau.

Sollen wir hier mal fragen? Vorsichtig laufe ich auf einen etwas heruntergekommenen Hof. Schon nach wenigen Metern höre ich ein Bellen, doch ich ignoriere das Zeichen und gehe weiter.
Alles geht ganz schnell – ein großer Hund schießt mit gefletschten Zähnen um die Ecke, ich drehe auf der Stelle um und sprinte zurück. Als der Hund mich gerade packen wollte, ist er zum Glück am Ende von der Leine und ich aus der Gefahrenzone.
Ich glaube, dass wir auf diesem Hof nicht übernachten wollen.

Wie getarnte Drogendealer laufen wir weiter. Bettina trägt einen Festivalponcho, der mit einem Müllsack in Konkurrenz treten könnte, und ich einen Armeeponcho. Die Packtaschen werden von dem anderen Poncho und unseren zwei Planen geschützt.

Einige Leute schauen uns leicht entgeistert an, als wir sie nach einem Übernachtungsplatz für uns und unsere Pferde fragen. Wirklich übel kann ich es ihnen aufgrund unseres Erscheinungsbildes nicht nehmen. Auch wir haben ein sehr komisches Gefühl dabei, einfach auf Leute zuzugehen und zu fragen oder sogar zu klingeln. Wir fragen uns, wie wir das die nächsten Wochen machen sollen.

Ein paar Kilometer nach dem Dorf fängt es aus allen Kübeln an zu schütten und nicht nur das: Blitze zucken direkt über uns am Himmel. Zwischen Donner und Blitz hatte ich kaum Zeit zu zählen. Das Gewitter ist sehr nah!

Die Spannung liegt förmlich in der Luft.
Das Einzige was uns übrig bleibt, ist einfach weiter zu laufen. Zum Glück sind wir nicht auf freiem Feld.

Immer wieder werfen uns Leute aus ihren Autos bemitleidende Blicke zu, doch aus irgendeinem Grund will ich nicht mit ihnen tauschen.
Es hat seinen besonderen Charme und ich fühle mich schon eins mit der Natur, was vielleicht auch daran liegt, dass ich das kalte Nass deutlich an meinem Körper spüre.

Wegtechnisch haben wir alles voll im Griff und erblicken nach einiger Zeit das süße Dörfchen Glainans. Die Wolken reißen auf und die Sonne hüllt alles in ein warmes, kräftiges Licht, das Licht nach dem Sturm.
Für unsere Pferde finden wir einen Brunnen und wir machen eine kleine Pause.

Inzwischen schlägt die Turmuhr 19.30 Uhr und wir wissen, dass der Stall nochmals weitere Kilometer außerhalb des Dorfes liegt.
Hätten Pferde einen Stinkefinger, so würden sie uns den jetzt vor die Nase halten. Mehrmals bleiben sie stehen. Jetzt heißt es der Bande zu vermitteln, dass dieser Trip eine tolle Sache ist.

Von weitem erblicken wir einen Aussiedlerhof und eine Frau mit Hunden. Mit einem fröhlichen „Bonjour" begrüßen wir sie und ich komme schnell zur Sache, denn wir sind extrem fertig.
Sie schaut uns an, als sprächen wir chinesisch und zählt uns mit einem Lächeln zehn Gründe auf, warum es bei ihr nicht ginge. Wenigstens weiß ich nun, warum ich den Französisch Leistungskurs in der Schule belegt habe.

Wir laufen weiter. Im Nacken hängt uns eine Gewitterwarnung, drei hungrige Pferde und eine ungewisse Übernachtung.
Krach, bums.
Ich erahne schon, bevor ich mich umgedreht habe, was passiert ist. Dons Packtaschen haben sich der Schwerkraft ergeben. Erschöpft sind auch diese Richtung Boden gewandert. Am Liebsten hätte ich mich ihnen angeschlossen. Langsam löse ich den Sattelgurt, Bettina redet ruhig auf Don ein. Auch Don ist so müde, dass er keinen Mucks macht – zum Glück! Er nutzt die Chance zum Fressen.

Physisch und psychisch sind wir nicht mehr in der Lage, die Taschen auf Don zu hieven und nehmen sie auf den Rücken.

Das ist extrem schmerzhaft und so entschließen wir uns nach 100 Metern, unser Lager am Wegrand aufzuschlagen. Keinen einzigen Meter schaffen wir es weiter, wir sind am Ende unserer Kräfte.
Eigentlich ist es ganz nett hier. Gutes Gras für die Pferde, keine bewirtschaftete Wiese und ein Platz für das Zelt.
So bauen wir also fröhlich das erste Mal richtig den Paddock auf und leeren die Packtaschen.

Doch das Sahnehäubchen des Tages fährt gerade mit dem Auto den Weg hoch. Ein Mann mittleren Alters steigt aus dem Wagen und ich ahne es schon. Nach meiner nicht allzu schweren Rechnung ist die Chance bei unter 50 Prozent, hierbleiben zu können.

Das Ereignis Schlafplatzverlagerung trifft ein.
Freundlich meint er, dass wir hier aufgrund der Hunde vom Hof nicht bleiben können. Sie lassen die Hunde über Nacht frei und sie würden zu uns kommen. Wir müssen hinter den Hügel, damit sie uns nicht sehen.
Es ist inzwischen kurz vor zehn und wir sind fix und fertig.
Die gute Nachricht: Er fährt uns die Taschen auf die nächste Wiese, 500 Meter weiter.
Unsere Flexibilität wird also gleich auf die Probe gestellt.

Eines dürfen wir jetzt schon lernen: Wir können uns ganz hinten anstellen. Erst die Pferde, dann die Absicherung unseres Hausrats und DANN wir.

Komischerweise kam es mir gar nicht komisch vor, den Paddock und das Zelt mit einem fremden Franzosen aufzubauen.
Gegen 23 Uhr sind wir fertig und stürzen uns auf unser Vollkornbrot mit Tomaten. Es fängt an zu regnen, aber selbst das schockt uns nun nicht mehr.

Erschöpft, aber auch glücklich fallen wir auf die Woilache von unseren Pferden und testen die Wassersäule unseres Zeltes.

Nach einer gefühlten Stunde Schlaf liegen wir angespannt im Zelt. Neben uns hören wir lautes Hufgetrappel von den Pferden. Auch für sie ist die Situation ungewohnt und wir haben alle zusammen in den relativ großen Paddock gesperrt. Die letzten Tage beim Stall auf der großen Wiese hat es super geklappt mit den dreien.

Wir bekommen kein Auge zu. Bei jedem kurzen Trabgeräusch frage ich mich, ob ein Pferd jetzt durch den Zaun ist. Mitten in der Nacht bei Nieselregen checken wir die Situation.
Estella juckt es, sie möchte sich an Don kratzen, Don findet das nicht toll und lässt seinen Unmut an Feenja aus, Feenja entzieht sich dem Spektakel und will eigentlich nur in Ruhe fressen. So kommen alle ins Rennen.

Weitere Stromlitze her, Estella abtrennen. Danach herrscht Ruhe.

Was für eine Nacht.

Friedliche Morgenstunden.

Gewitter im Rücken
Glainans – L'Isle sur le Doubs

„Don steht da und zittert, während der TGV-Zug unter uns durch rast. Ich bete, dass er nicht rückwärts auf die Straße springt."

Bettina

Wir wachen auf, öffnen das Zelt und haben gleich Sicht auf die Pferde im Morgenlicht. Was für ein wunderschöner Anblick, ich kann es kaum glauben, dass das für die nächsten 1,5 Monate unser Leben sein wird.

Wir kochen uns den ganzen Topf voll Couscous zum Frühstück, in der Hoffnung, dass noch was zum Mittagessen übrigbleibt. Allerdings ist der Topf schneller weg als wir schauen können. Das Leben an der frischen Luft macht ganz schön hungrig.
Das Packen ist wie immer eine Herausforderung: Schlafsäcke, Zelt, Kleidung und Essen zusammenpacken und alle Packtaschen genau auswiegen. Drei Pferde sorgfältig satteln, Hufschuhe auf zwei Pferde. Das alles ohne eine Möglichkeit zum Anbinden. Den Stromzaun bauen wir als letztes ab, der wird ganz vorne rein in Dons Packtaschen gestopft.

Dann erwartet uns eine Überraschung. Der Franzose von gestern Abend kommt tatsächlich vorbei und erklärt uns eine Abkürzung durch die Natur. Wir wollen durch die Stadt L'Isle sur le Doubs, dort gibt es eine Brücke und somit eine Möglichkeit, den großen Fluss Doubs zu überqueren.

Wir ziehen los Richtung ... Norden!

Die Landschaft ist landwirtschaftlich geprägt, der Weg in der prallen Sonne. Wir hoffen, bald auf Wasser zu treffen, die Pferde hatten seit gestern nichts mehr zu trinken. Auch unser Wasservorrat geht zu Neige. Zum Glück war die Nacht sehr feucht und die Pferde konnten viel Wasser über den Tau am Gras aufnehmen.

Das haben wir im Laufe der Zeit gelernt: Wenn das Gras sehr feucht ist, trinken die Pferde kaum etwas extra aus Eimern. Wenn es jedoch heiß ist und nachts trocken, brauchen sie eimerweise Wasser.

Von den Feldern geht es hinein in die Stadt.
Wir sind gespannt, wie die Mustangs die kleine Stadt meistern. Jetzt wird sich zeigen, ob wir wirklich bereit sind.
Immer wieder gibt es Engpässe mit vielen Autos, doch die Pferde bleiben cool. Zum Glück haben wir Estella dabei, sie kann sogar in Langzügel Position voraus gehen. Einmal laufen wir über eine Brücke. Unter uns rast der TGV, ein französischer Hochgeschwindigkeitszug durch, links von uns fahren Autos, ohne Rücksicht zu nehmen. Don steht da und zittert, während der TGV buchstäblich auf uns zurast. Ich bete, dass er nicht rückwärts auf die Straße springt.
Es klappt. Hier beweisen die beiden Mustangs ihre Stärke, bleiben trotz der Angst ruhig und geraten nicht in Panik. Die Vorbereitung hat sich ausgezahlt, die beiden sind trotz der kurzen Zeit in Deutschland gut händelbar.

Noch in der Stadt hören wir ein Donnern, der Himmel zieht zu und ist schon richtig schwarz. Es ist 16 Uhr. Oh je, da wird uns was erwarten! Wir sollten schnellstmöglich eine Übernachtung finden, doch weit und breit sind nur Stadt und Straße.
Ein Schild vom Campingplatz lacht uns an. Da werden wir unser Glück versuchen.

Ein bisschen komisch kommen wir uns schon vor, als wir mit den Pferden am Campingplatz stehen. Die Frau an der Rezeption schaut uns bedauernd an, mit Pferden können wir hier leider nicht übernachten. Das Gras ist zu kurz. Ein weiteres Donnergrollen, es bleibt uns höchstens noch eine halbe Stunde, bis es so richtig losgeht!
Da kommt uns eine Idee: Vor dem Campingplatz ist ein Parkplatz, der komplett leer steht. Es wächst auch schon eine Menge Gras drauf.
„Dürfen wir da übernachten?"

Wir dürfen, ausnahmsweise! In Rekordzeit bauen wir alles auf. Feenjas und Dons Seile sind nur lose um den Ast gewickelt, die beiden sind nicht anbindesicher. Doch wenn eine die Pferde hält, schaffen wir es nicht rechtzeitig. Don schafft es einmal, sich zu verwursteln, ansonsten geht alles gut.

Der Paddock steht unter Strom, das Zelt steht und die Sattelsachen sind mit Planen abgedeckt. Es fängt an, stark zu regnen.
Da fällt uns auf, dass wir einen absoluten Anfängerfehler begangen haben: Das Zelt und das Gepäck liegen in der größten Mulde der Wiese. Das Wasser sammelt sich in einer Pfütze genau bei unseren Sachen. Wir hantieren im Regen herum und können die Planen an eine höhere Stelle ziehen. Wir sind nass, aber Hauptsache unsere Ausrüstung bleibt verschont.

Normalerweise finde ich es wirklich nicht schlimm, nass zu werden, wenn ich danach ins trockene, warme Haus kann. Doch wenn mein einziges Paar Wanderschuhe, meine einzigen Jeans und meine Jacke nass sind und ich draußen übernachte, sieht die Sache anders aus. Von daher sind wir sehr hinterher, dass so wenig wie möglich Kleidungsstücke und Ausrüstungsgegenstände dem Regen ausgesetzt sind.

Im Nachhinein betrachtet ist dieser Tag einfach legendär gewesen. Wir relativ planlos, das Gewitter im Nacken und schlussendlich übernachten wir mit den Pferden auf einem Parkplatz. Das werden wir wohl nie vergessen.
Mit unserem Campingkocher setzen wir uns unter ein Vordach und kochen, es ist superlecker! Ein gutes Abendessen nach so einem Tag macht einfach glücklich.
Unser Luxuspferd Estella schaut uns etwas beleidigt aus dem Regen an. Solche Zustände ist sie nicht gewöhnt. Die Mustangs grasen friedlich. Bei einer solchen Tour müssen Mensch und Pferd an Komfort zurückstecken.

Um zwanzig Uhr kriechen wir ins Zelt und verlassen es auch nicht mehr. Beim Prasseln des Regens lässt es sich gut schreiben.

Gewitterstimmung. Der dunkle Himmel treibt uns zur Eile an.

Vor Regen geschützt & gleichzeitig Platz sparen?

Was, wenn es mal tröpfelt?

Nässe ist richtig ungemütlich – besonders wenn sie mit Kälte kombiniert wird.

Es gibt diese schönen, großen **Reitregenmäntel**, die von Kopf bis Fuß vor Nässe schützen. Doch wo packe ich diese riesigen Teile an den ganzen Sonnentagen hin?
Eine **Regenhose** ist natürlich an Regentagen praktisch, doch hierbei sollte man wirklich abwägen, wie das Verhältnis Regentage und trockene Tage ist. Es kann durchaus Sinn machen. Doch will ich im Sommer wochenlang eine Regenhose mitschleppen, für drei Tage Regen?

Wie können wir uns vor Regen schützen und gleichzeitig nicht unnötig viel Zeug mitschleppen?

Unsere Lösung: **Multifunktionale Ausrüstung!**

Wir sind auf einen sogenannten **Armeeponcho** gestoßen. Er kann nicht nur als Poncho, sondern auch als Plane zum Abdecken und als Picknickdecke benutzt werden.
So ist er an Sonnentagen kein totes Gewicht, sondern wir haben ihn häufig verwendet.

Der Nachteil: So richtig trocken hält er nicht. Bei längerem Regen kriecht die Nässe die Ärmel und Hosenbeine hoch. Das war für uns im Sommer jedoch zu verkraften.

Wie schütze ich die Pferde und das Gepäck vor Nässe?

Nicht alle unsere Packtaschen waren wasserdicht. Auch wollten wir die Ledersättel nicht unnötig der Nässe aussetzen.
Bei den ersten Regentropfen haben wir unser Gepäck abgedeckt.
Auch hierbei wollten wir Lösungen, die vielfältig verwendbar sind: **Planen**.

Die Sonne nach dem Sturm. Wir lassen die Planen noch auf den Pferden, damit sie wieder trocknen können.

Was hatten wir dabei?

Für den Schutz unseres Gepäcks unterwegs und für das Gepäcklager abends hatten wir zwei **2x3 m Zeltplanen** dabei.
Diese sind wasserdicht, aber dünner und knistern weniger als normale Planen. Der **Armeeponcho** lässt sich komplett ausbreiten und ist somit auch gut als Gepäckschutz verwendbar.

Eine von uns trug bei Regen einen Armeeponcho, die Andere einen günstigen (und im Packmaß extrem kleinen & leichten) **Festivalponcho**. Dieser ist zwar nicht sehr stabil, hat aber trotzdem super funktioniert!
Er lässt sich an Sonnentagen in die kleinste, letzte Ecke der Packtasche stopfen.

Vor Regen geschützt & gleichzeitig Platz sparen?

Regenschutz für das Lager

*Ein großes Zelt mitnehmen und das Gepäck mit herein nehmen?
Oder ein kleines Zelt und das Gepäck draußen lagern?*

Auf jeden Fall sollte es vor Regen und Feuchtigkeit geschützt sein.
Wir hatten für das Gepäck eine wasserdichte Plane unten und eine oben zum Abdecken, die Ecken haben wir mit Steinen und Ästen beschwert.

Es gibt hochwertige Zelte, bei welchen die Außenwand zuerst aufgebaut wird und dann das Innenzelt. So lässt es sich auch bei Regen aufbauen.

So ein Zelt hatten wir nicht. Durch geschicktes Timing und etwas Glück haben wir es geschafft, nie im Starkregen aufzubauen.
Solange das Gepäck auf den Pferden verstaut ist oder unter den Planen abgedeckt ist, ist es geschützt. Doch während dem Auf- und Abbau kann es gnadenlos nass werden.

Wichtig: *Zelt und Gepäcklager niemals an die tiefste Stelle der Wiese packen, denn wo läuft das Wasser als erstes hin...?*

Wenn es von 16 bis 18 Uhr stark geregnet hat, haben wir uns zeitweise einen Unterstand gesucht oder sind je nach Stärke des Regens einfach „durchgelaufen". Manchmal kam um 20 Uhr wieder die Sonne raus, dann haben wir abgesattelt und aufgebaut.
Einmal waren wir bei einer festen Übernachtung und haben gemerkt, dass es am nächsten Tag nur regnen soll. Wir haben einfach gefragt, ob wir nochmal einen Tag bleiben dürfen.

Mit Hilfe moderner Wetterapps lässt sich das heutzutage ganz gut vorausplanen – also keine Angst vor Regen!

Eine rettende Begegnung
L'isle sur le Doubs - Etrappe

„Kurz sind wir uns unschlüssig, da wir noch nicht viel gelaufen sind. Doch ich habe das große Verlangen, diese Klingel zu betätigen."

Tanja

Auf der Landkarte haben wir uns das nächste Dorf „Richtung Norden" herausgepickt. Die Übernachtung ist unklar, aber das sind wir mehr oder weniger gewohnt.
Langsam nehmen wir Abschied von unserem Schlafplatz, dem Parkplatz. Obwohl wir eher minimalistisch veranlagt sind, sind viele Ausrüstungsgegenstände notwendig. Auch heute benötigen wir wieder bis nach 12 Uhr, bis alles fertig gerichtet ist und wir loskommen. Vielleicht sollten wir uns von der Zeit nicht stressen lassen, die Uhr einfach mal auf die Seite legen.

Am besten richten wir unseren Blick erst gar nicht nach oben, denn schon wieder türmen sich große schwarze Gewitterwolken am Himmel auf. Die Ponchos packen wir vorsorglich weiter oben ein.

Wir ziehen weiter und erfreuen uns an dem guten Benehmen der Pferde. Estella darf im Wald frei mitlaufen und sie genießt sichtlich ihre Rolle als freies Radikal. Ich habe nur große Sorgen um Feenjas Hufe, sie sind sehr kurz. Ich konnte ihr leider keine Hufschuhe mehr drauf machen, da sie davon hinten einen Druck am Ballen bekommen hat.

Wir müssen aktiv werden, was Feenjas Hufe angeht – sie wird sonst die Strecke nicht durchhalten. Ich krame die Nummern von mehreren Hufschmieden aus dem Internet heraus.
Doch diese sind nur sehr schwer erreichbar und haben wenig Verständnis für französisch sprechende Deutsche. Es ist nicht möglich einen Termin auszumachen, da wir nicht wissen, wo wir in ein paar Tagen sein werden.

Langsam laufen wir den Weg entlang, unsere Mittagspause findet ungemütlich im Stehen statt und ich bin beim Laufen damit beschäftigt, Feenja auf dem Gras zu halten. Sie läuft lieber auf dem Weg, doch ich möchte nicht, dass die Hufe noch kürzer werden.
Trotz allem gefällt uns die Landschaft. Wir sehen viele Rinder und Schafe auf großen Weiden, was mich irgendwie glücklich macht.

Wie es sein sollte, kommen wir im nächsten Dorf an einem Reiterladen vorbei. Er ist geschlossen, doch ein großer Zettel mit „La Sonette" (die Klingel) hängt neben der Türe. Kurz sind wir uns unschlüssig, da wir noch nicht viel gelaufen sind. Doch mein Finger hat das große Verlangen, diese Klingel zu betätigen.
Das ist vielleicht die beste Entscheidung der ganzen Tour. Nach kurzem Warten kommt eine Frau voller Herzlichkeit und Energie an die Tür. Sie stellt sich gleich als Katharina vor.

Wir haben echt das große Los gezogen, denn sie bietet den Pferden und uns einen Schlafplatz an. Und was für einen schönen!
Das Beste an der Sache: Sie organisiert ihren langjährigen Freund und Hufschmied gleich für den nächsten Morgen. Er wird Feenja beschlagen, denn sonst können wir die Weiterreise vergessen.

Auf meiner Amerikareise einige Monate vorher hatte ich schon eine Erkenntnis, die sich hier wieder bestätigt:
Reisen lebt von der Begegnung.
Mit jeder Begegnung veränderst du dich und kannst auch etwas in deinem Gegenüber verändern. Durch den Austausch bekommen wir eine weitere Sicht und werden weltoffener. Mit jeder Begegnung werden wir ein kleiner Teil der Lebensgeschichte des Gegenübers und diese Begegnung wird ein Teil von unserer Geschichte.

So durften wir abends auf den 50. Geburtstag von Katharinas Ehemann Jean-Luc anstoßen und haben im familiären Rahmen auf die deutsch – französische Freundschaft angestoßen.

In ihrem kleinen, selbstgebauten Häuschen dürfen wir nächtigen und können den neugewonnenen Luxus kaum fassen. Fließend Wasser und ein Dach über dem Kopf. Uns wird jetzt schon bewusst, was wir für eine neue Sichtweise zum Komfort gewonnen haben.

EIN WICHTIGES THEMA: HUFSCHUTZ

Unsere Hufschutzgeschichte ist durchwachsen. Gestartet sind wir mit zwei Pferden barhuf, eines mit Hufschuhen.
Noch Ende der ersten Woche hat Feenja Hufeisen bekommen, Don trug zwischendurch ein paar Tage Hufschuhe und ab der dritten Woche lief auch Estella komplett barhuf – bis ans Ende der Tour.

Generell ist wichtig:
Der Hufschutz sollte bereits im Vorhinein erprobt sein. Das heißt, keinem seit Jahren beschlagenem Pferd kurz vor dem Ritt die Hufeisen runter machen – und andersherum.

Wir haben dem Thema Hufschutz anfangs zu wenig Beachtung geschenkt. Nehme dir an uns auf keinen Fall ein Beispiel.
Bei Feenja (die anfangs wild war und erst wenige Wochen in Deutschland) sind wir erst eine Woche vorher überhaupt an die Hufe gekommen. Die waren sehr vernachlässigt und in einem schlechten Zustand. Das ist bei den meisten Pferden zum Glück nicht der Fall, deshalb sollte man sich unbedingt länger davor Gedanken machen und es ausprobieren!

Unser Fazit zu Hufschuhen:

Hufschuhe haben sich bei uns definitiv NICHT bewährt. Für Tagestouren oder kurze Wanderritte können sie super sein. Bei so einer langen Tour verträgt es kaum ein Pferd, so lange Hufschuhe zu tragen.
Auch der ständige Druck und die Reibung auf die Ballen darf nicht unterschätzt werden, Feenjas Kronrand und Ballen sind davon sehr schnell angeschwollen.
Estella hatte nach zwei Wochen eine kleine Verletzung am Ballen (nicht von den Hufschuhen). Dazu kamen Insekten auf den Wiesen, die die Beine und Ballen der Pferde angegriffen haben. Laufen war kein Problem, aber das war das Ende für die Hufschuhe. Sogar für Estella, die bereits bei vielen Tagestouren problemlos Hufschuhe getragen hat.
Für so eine lange Tour würden wir persönlich auf keinen Fall wieder Hufschuhe mitnehmen.

Kunststoffklebebeschlag:

Manche schwärmen davon, andere kommen gar nicht damit klar.
Wir haben ihn noch nie ausprobiert. Wenn das eine Option für dich wäre, teste es früh genug zu Hause.

Unser Fazit zu Hufeisen:

Wir haben Feenja noch relativ am Anfang beschlagen lassen. Ihre Hufe waren aufgrund der jahrelangen Vernachlässigung zu kurz für barhuf und die Hufschuhe hat sie vom Druck her nicht vertragen. (Stell dir vor, du läufst dein Leben lang barfuß und auf einmal quetscht jemand deine Füße in Schuhe.)

Wir sind barhuf Befürworter und würden nicht ohne Grund ein Pferd beschlagen lassen! Bei Feenja waren wir jedoch jeden einzelnen Tag glücklich über die Hufeisen. Sie ist super damit klar gekommen.
Das einzige Manko war das Rutschen auf der Straße und bei schwierigen Passagen – zum Glück ist sie geschickt und trittsicher.

Ganz ehrlich: Wir würden auch wieder ein Pferd für so eine Tour beschlagen lassen. Nach 6 Wochen kamen ihre Hufeisen runter, die Löcher wurden zugemacht und sind innerhalb von wenigen Monaten komplett rausgewachsen. Wer eine wirklich lange Tour plant, sollte bei einem Pferd mit kurzen oder empfindlichen Hufen einen Beschlag in Erwägung ziehen.

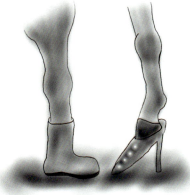

Ein wichtiges Thema: Hufschutz

Unser Fazit zu barhuf:

Go barhuf! Estella lief vier Wochen barhuf, Don fast sechs Wochen – ohne Probleme. Besonders interessant zu sehen war die Veränderung der Hufe über diesen Zeitraum. Während Estellas Hufe zu Beginn sehr weich waren und sich jeder Stein tief hinein gegraben hat, gab es nach ein paar Wochen nichts mehr zum Auskratzen. Die Hufe sind hart und widerstandsfähig geworden.

So häufig packen wir unsere Pferde in Watte mit Decken, Cremes, Beinschutz, Hufschutz, Sprays und so weiter, dabei bringt ein gesundes Pferd alles mit, was es zum Überleben braucht. Natürlich gibt es Pferde, die aus gesundheitlichen Gründen einen speziellen Schutz benötigen. Aber wie viel ist wirklich nötig?

Bei einem Pferd mit gesunden Hufen ist es unserer Erfahrung nach problemlos möglich bei moderatem Tempo länger barhuf unterwegs zu sein.
Dafür sollten die Hufe bereits die Belastung von unterschiedlichen Böden und längeren Ausritten kennen und das Pferd sollte nicht übermäßig empfindlich sein.
Zudem empfiehlt es sich, vor der Tour nicht zu viel Horn wegzunehmen und das mit dem Hufbearbeiter abzusprechen. Dons Hufe hat unsere Hufpflegerin lediglich etwas korrigiert, aber bewusst sehr viel altes Horn und Tragrand drauf gelassen.

Ein weiterer wichtiger Punkt bei barhuf ist die Schonung der Hufe.
Wer plant, sehr große tägliche Distanzen mit höheren Geschwindigkeiten zurückzulegen, könnte Schwierigkeiten bekommen.
Wir sind auf harten Böden grundsätzlich nur im Schritt unterwegs und haben jeden Gras-Randstreifen zum Gehen für die Pferde genutzt. Trotzdem waren die Hufe nach 6 Wochen ziemlich unten und sehr viel länger wäre es nicht gegangen.

Ein Gespräch mit einer erfahrenen Wanderreiterin hat uns sehr in barhuf bestärkt. Sie meinte, sie hatte anfangs alles Mögliche dabei, um die Hufe zu schützen. Unterwegs fiel immer mehr weg, und sie war letztendlich in einem Jahr 4000 Kilometer mit drei Pferden barhuf unterwegs.
Klar meiden die Pferde bald von selbst Schotter und suchen sich die weichen Ränder, aber das sei natürlich.
Nach dem Jahr seien die Hufe besser gewesen als je zuvor.

Unser Gesamtfazit:

Eine Tour von wenigen Wochen würden wir bei einem Pferd mit gesunden Hufen barhuf bestreiten. Es kommt auch auf die Strecke an, je nachdem wie viel Straße und Steine dabei sind, oder ob es viele weiche Böden sind. Bei höheren Geschwindigkeiten und/oder sehr langen Touren würden wir inzwischen beschlagen lassen und die Hufeisen danach wieder abnehmen. Kunststoffklebebeschlag könnte natürlich auch eine Option sein. Hufschuhe würden wir bei längeren Touren von Anfang an zuhause lassen, zumindest bei uns haben sie sich nicht bewährt.

Wie soll ich mich entscheiden?

Achte auf dein Pferd und dein Gefühl. Jedes Pferd hat andere Hufe und eine andere Vorgeschichte.
Letztendlich geht es nicht darum, auf einer Lösung zu beharren, sondern für das Pferd und die Situation das Beste herauszusuchen. Das hat uns Feenja mit den Hufeisen deutlich gezeigt.
Beschäftige dich ausreichend vor der Tour mit diesem Thema, sodass du und dein Pferd den Trip ohne Hufbeschwerden genießen könnt.
Viel Erfolg!

Französische Gastfreundschaft
Etrappe – Gémonval

„Wie wenige Tage quasi „obdachlos" bereits das Gefühl für Komfort verändern. Wir fangen an, die kleinen Dinge zu schätzen!"

Bettina

Was für ein unglaublicher Luxus, auf einer Couch aufzuwachen.
Die im Waschbecken gewaschenen Kleider sind inzwischen auch fast trocken, wir und die Pferde fühlen uns regeneriert.
Nach einem Petit-déjeuner (ein französisches Frühstück) erwartet uns ein Besuch: Sarah, eine Bekannte von unseren Gastgebern. Sie wohnt fünfzehn Kilometer weiter und würde uns bei sich aufnehmen, sowie sofort unser Gepäck mitnehmen. So können wir auch mal reiten!
Gleichzeitig kommt ein Hufschmied für Feenja, der seit 20 Jahren die Hufe von Katharinas Pferden macht.
Katharina und ihre Familie sind wirklich unsere Engel, wir können unser Glück kaum fassen.

Nach dem Hufschmiedtermin verabschieden wir uns herzlich und ziehen los. Feenja läuft absolut top mit den Eisen. Flache Hügel und Felder säumen den Weg. Tanja trainiert Feenja auf einem Waldweg Langzügelarbeit von hinten, damit sie lernt, ohne Menschen voraus zu gehen. Es ist unglaublich, wie viel sich in der Beziehung zum Pferd ändert, wenn man den ganzen Tag zusammen lebt. Ich kann Don im Gelände traben und es fühlt sich einfach so sicher an! Tanja wagt sogar einen ersten Galopp auf Feenja. Ganz ehrlich, zuhause wäre das niemals so schnell und natürlich gegangen.

Wir werden herzlich empfangen und dürfen die Pferde auf eine riesige Koppel stellen. Wow, was für eine gigantische Wiese. Das Ende ist nicht zu sehen. Es stehen Kühe auf der einen Seite, ein Esel auf der anderen. Zum Glück ist das unseren Pferden egal, sie interessieren sich nur für das Gras. Wir glauben, ihnen mit dieser großen Koppel etwas Gutes zu tun. Doch der Schein trügt, wie wir später herausfinden werden.

Wir werden im Haus herumgeführt und sollen uns wie zuhause fühlen. Es ist der komplette Kontrast zu den ersten Tagen, dass sich nun so um uns gekümmert wird.
Die 5-jährige Tochter zeigt uns alle ihre Spielzeuge. Morgen hat sie Geburtstag und es soll eine Party geben. Eigentlich wollten wir morgen weiter, doch sie möchte uns unbedingt zu ihrem Geburtstag einladen. Also beschließen wir noch einen Tag zu bleiben. Eine Pause kann den Pferden nie schaden.

Am nächsten Morgen steht eine Kuh auf der Koppel bei den Pferden, doch der Zaun ist intakt. Wie hat die Kuh das nur geschafft? Wir sind extrem verwundert, denn im Zaun sind keine Löcher zu sehen. Selbst unsere Pferde würden nur in Extremsituationen da rüber kommen. Dieses Geheimnis werden wir wohl nie lüften. Estella findet die Kuh interessant und läuft ihr ein bisschen hinterher. Wir kontaktieren den Bauern von nebenan, damit er seine Kuh wieder einsammelt.

Einen französischen Kindergeburtstag erlebt man auch nicht alle Tage. Es gibt eine Schokoladentorte und wir lernen eine Menge netter Verwandter kennen.
Die Geburtstagsprinzessin packt ein Geschenk nach dem anderen aus. Danach spielen wir ein Spiel, bei welchem man mit verbundenen Augen eine Pappkiste kaputtschlagen muss. Diese baumelt an einer Schnur von der Decke herunter, heraus kommen lauter Süßigkeiten. Dieses Spiel habe ich davor noch nie so gesehen.
Es ist interessant, mit verschiedenen Menschen zu reden.
Mein Französisch hat sich innerhalb von einer Woche bereits sehr verbessert, inzwischen kann ich kleine Konversationen führen.

Gemeinsam mit unseren Gastgebern studieren wir die Karte für den Weiterritt. Wir haben kaum eine Ahnung von der Strecke.
Wenige Tagesetappen entfernt türmen sich die Vogesen auf. Wir wollen nicht mittendurch laufen, da wir eingerahmt von Bergen kaum eine Kontrolle über die zu bewältigende Steigung haben. Am westlichen Rand der Vogesen entlang, oder auf der östlichen Seite Richtung Deutschland?
Wir treffen eine folgenschwere Entscheidung und entscheiden uns für die Westseite. In wenigen Tagen sollten wir durch das Gebiet der „Mille Etangs" kommen, der Tausend Weiher, welches sehr schön sein soll.

Bienvenue à chambre d'amis
Gémonval – Saint-Georges

„Ich besänftige mich mit dem Gedanken, dass dieses Ereignis uns vielleicht von noch unüberlegteren Sachen abgehalten hat."

Tanja

Ausgeruht und gut genährt mit allen möglichen französischen Spezialitäten laufen wir auf die Koppel zu unseren Pferden, die auch einen Pausentag hinter sich haben.
Dort erwartet uns eine unerfreuliche Überraschung. Die Pferde stehen im hintersten Eck unter den Bäumen und werden von allen möglichen Insekten geplagt.
Sie sind am Hals total zerstochen, haben leicht tränende Augen und Estella hat sich trotz Ekzemerdecke am Genick blutig gekratzt.

Ich mache mir viele Vorwürfe und könnte heulen.
Bettina und ich haben nicht auf unser Gefühl gehört und die Pferde einen weiteren Tag auf der Wiese stehen gelassen.
Die Pferde mussten wegen uns leiden, das ist kein schönes Gefühl.

Die französischen Pferde stehen 24 Stunden am Tag auf diesen Koppeln, ohne Decken oder Fliegenmasken. Sie haben einen gesunden Eindruck gemacht, wahrscheinlich haben sie sich an die hohe Insektenbelastung gewöhnt. Unsere Pferde möchten wir dem aber nicht nochmal aussetzen.
Trotz allem haben wir eine gute Nachricht an unsere Pferde:
Sie brauchen kein Gepäck zu tragen. Am Morgen haben wir unser Gepäck mit unseren netten Gastgebern zu einem Stall zehn Kilometer weiter gebracht.

Beim Laufen regen wir uns ab. Ich selber besänftige mich mit dem Gedanken, dass dieses Ereignis uns vielleicht von noch unüberlegteren Sachen abgehalten hat. In Zukunft werden wir unsere Pferde bei einem Pausentag nur an Orte stellen, wo sie sich vor den Insekten schützen können. Sonst ist es eine Pause für uns, jedoch nicht für die Pferde.

Wir ziehen weiter und ich habe etwas Zeit, Feenja auf dem Weg zu trainieren. Ich habe das Gefühl, dass das Grundvertrauen da ist und sie nicht mehr panisch wird, sobald sie etwas nicht kennt. Da wir kein Gepäck haben, arbeite ich mit ihr am langen Zügel von hinten und steige mehrmals auf und ab. Ich richte die Trainingseinheiten nach dem Tagesrhythmus – alles passiert nebenher und spielerisch.
Ich darf mir keinen innerlichen Druck machen und diesen dann auf sie übertragen. Dabei macht sie sofort zu und ich komme nicht mehr an sie ran. Viel Geduld und die Freude am Zusammensein sind bei ihr der Schlüssel.

An einem schönen, idyllischen See machen wir eine Pause. Es ist wie aus dem Bilderbuch. Die Pferde grasen, wir verspeisen unseren gekochten Reis mit Erdnüssen und Rosinen und halten das ein oder andere Schwätzchen mit Einheimischen. Feenja galoppiere ich das erste Mal richtig. Im Trab nutze ich Bäume als Slalomstangen zum Verbessern der Lenkung.

Schon wieder vergessen wir die Zeit und bemerken das aufziehende Gewitter erst, als es anfängt zu donnern. Wir sollten los.
Auch wenn wir uns heute vermehrt auf Straßen aufhalten, haben wir unseren Spaß und auch die Pferde sind wirklich motiviert.
Wir haben festgestellt: Die Freude beim Unterwegssein hängt nur teilweise von der Landschaft ab. Du musst dich bewusst dafür entscheiden, den manchmal anstrengenden Weg zu genießen.

Bettina reitet Don und auch sie ist auf seine Fortschritte stolz.
Sie meint: „An diese Aussicht kann ich mich gewöhnen!"
Wenn das nicht ein eindeutiges Zeichen ist.

Stolz auf unsere Wegfindungskenntnisse erreichen wir unser Etappenziel bei Audrey und Lucas. Wir fühlen uns wie Marsmännchen mit unseren kleinen Zwergponys, denn hier werden Springpferde gezüchtet und für größere Turniere vorbereitet.

Die Pferde dürfen in eine große Box und wir dürfen in das „Chambre d'Amis" (Zimmer der Freunde). Wir werden abends zum Essen eingeladen und tauschen uns über unsere sehr kontrastreiche Pferdewelt aus. Unsere gemeinsame Passion, die Pferde, ist jedoch dieselbe.

Estella macht uns Sorgen
Saint-Georges

„An der Auszeichnung „der Traumgast" müssen wir noch etwas arbeiten."

Tanja

Petit déjeuner – Frühstückszeit. Vielleicht hätten unsere Gastgeber sich ihre Großzügigkeit besser überlegen sollen. Beide sind schon unterwegs und wir sitzen gemütlich in der Küche. Vor uns liegen ein frisches Baguette, etwas Marmelade und Haferflocken. Das haben sie uns extra hingestellt, sehr nett. Danach krümeln nur noch Krümel herum.
Mit großem Appetit landet das Baguette in Bettinas Magen und ich werfe die leere Haferflockenpackung in den Mülleimer.
Am Ende machen wir picobello sauber und spülen ab.
An der Auszeichnung „der Traumgast" müssen wir noch etwas arbeiten – der Kühlschrank ist nach uns nämlich leer. Doch wir haben das Gefühl, dass die Leute sich freuen, wenn sie uns zum Essen einladen und es uns auch schmeckt.

Eine Sache stimmt uns weniger fröhlich. Schon bei dem ersten morgendlichen Besuch bei den Pferden ist uns Estellas Müdigkeit aufgefallen. Auch nach dem Frühstück ist ihr Zustand unverändert.

Sie steht mit hängendem Kopf in der Box, genau genommen schon seit gestern Abend. Erst haben wir es auf die Müdigkeit geschoben. Doch sie ist schon ganz schön lange müde.
Ist sie etwa krank? Hat sie eine Zeckenkrankheit bekommen?
Das ist nicht einmal komplett unwahrscheinlich, denn wir und die Pferde sammeln viele Zecken ein. Don hat jeden Tag mehrere Zecken, er scheint sie besonders stark anzuziehen. Darum kontrollieren wir uns und die Pferde jeden Tag. Die Zeckenzange hat sich als einer unserer wichtigsten Gegenstände herausgestellt und bereits einen Platz bei den häufig genutzten Gegenständen in der Hüfttasche bekommen.
Trotzdem müssen wir einfach hoffen, dass sonst nichts passiert.
Eine Sicherheit gibt es nie.

Ich bekomme ein beklemmendes Gefühl in der Magengrube und hole Estella aus der Box. Fieber hat sie nicht, jedoch läuft sie sehr steif. Leider kann ich ihr Gangbild nicht wirklich von jemand Fremden beurteilen lassen. Sie hat hinten eine Fehlstellung und läuft auch in gesundem Zustand anders als andere Pferde.

Wir sind schon dabei, den Tierarzt zu rufen, doch dieser ist zwei Stunden entfernt. Somit eröffnen wir unseren Gastgebern, dass wir auch hier einen Pausentag einlegen müssen. Es ist für sie kein Problem, und wir beschäftigen uns etwas mit ihren kleinen Kindern. Die reden so viel und schnell Französisch, dass wir sie kaum verstehen.
Die kleine Tochter liest Bettina aus ihrem Lieblingsbuch vor. Manchmal stellt sie Bettina eine schnelle Frage, die Bettina ihrem Gesichtsausdruck nach nicht versteht. Ihre Taktik ist inzwischen, einfach auf alles mit „oui" (ja) zu antworten. Das funktioniert meistens gut, führt aber zu immer neuen Beschäftigungen.
„Soll ich dir mein Pony zeigen? Ich kann mit ihm schon über kleine Hindernisse springen, sogar im Galopp."
„Eh, oui!"

Ich gehe mit Estella eine kurze Runde spazieren und lasse sie dann in der Box schlafen. Sie fühlt sich wahrscheinlich wie wir, wenn wir eine Nacht im Fernbus hinter uns haben.

Immerhin habe ich mit Feenja super Trainingsmöglichkeiten.
Ich für mich merke, dass die wenigen Einheiten auf einem Reitplatz effektiver sind als zu Hause. Ich gehe auf bestimmte Sachen intensiv ein, wie zum Beispiel etwas Handarbeit oder die Lenkung unter dem Sattel. In der Freiarbeit weicht sie mir kaum von der Seite und springt sogar über ein Hindernis auf mich zu.
Auch Bettina macht Freiarbeit mit Don auf den Platz und merkt schon eine viel stärkere Verbindung.

Die Pferde lernen uns kennen, wir lernen die Pferde kennen.
Wir sind eine Herde.

Pferde und Giftpflanzen

Wir haben uns vor der Reise bezüglich der Sicherheitsaspekte einen riesigen Stress gemacht; im Sinne von „ich muss den kompletten Pflanzenkundeführer auswendig können".
Keine Angst, das musst du wirklich nicht.

Viel wichtiger ist ein **grundlegendes Verantwortungsbewusstsein** und eine gewisse **Voraussicht**, was **potentielle Gefahren** angeht.

Pferde und Giftpflanzen:

Es ist schlichtweg nicht möglich, jede einzelne Pflanze zu kennen. Ist mein Pferd für eine Nacht auf einer mir unbekannten, großen Wiese, traue ich meinem Pferd einen gewissen Spürsinn für gesunde und ungesunde Pflanzen zu. Ich gebe mein Bestes, vorausschauend zu handeln und die Wiesen zu prüfen, doch ich kann nicht alles kontrollieren.

Genau aufpassen müssen wir vor allem, wenn wir Menschen den Pferden das Futter reduzieren, zum Beispiel, wenn wir sie anbinden.
Das sind unsere Regeln:

- Beim Anbinden achten wir sehr genau auf den Standort, auf keinen Fall darf das Pferd über längere Zeit neben einer unbekannten und potentiell giftigen Pflanze angebunden werden. Ich binde lieber an nicht-essbarem Material an oder wähle Baumarten, die ich kenne und an denen Pferde bedenkenlos knabbern können. Beispiele dafür: *Weide, Linde, Birke, Pappel, Erle, Ulme, Haselnuss, Obstbäume.*

- Wenn mein Pferd unterwegs nascht oder wir eine kurze Fresspause machen, achte ich erhöht darauf, was mein Pferd frisst. Durch den Heißhunger frisst das Pferd womöglich alles, was ihm unter die Nase kommt.

Davon halte ich mein Pferd grundsätzlich fern:

Alles, was zu bunt ist...
Zierpflanzen, Büsche mit Beeren, auffällige Blüten, exotische Pflanzen, alles was leicht ungesund/giftig riecht oder aussieht.

Achtung! Giftige Bäume!

Giftig sind unter anderem: Ahorn, Buche, Eibe, Buchsbaum, Efeu, Eiche, Thuja, Kastanie, Walnuss, Akazie.
(Auch Nadelbäume wie Tanne und Fichte sind in größeren Mengen gefährlich. Von einem kleinen Bissen stirbt dein Pferd nicht, aber du solltest die unnötige Aufnahme von größeren Mengen meiden.)

Die einzelnen Giftpflanzen und Blumen führen wir hier nicht auf, denn da solltest du auch ein Bild vor Augen haben. Nimm dir hierfür die Zeit und recherchiere das einmal im Internet. Das hier sind nur einige Beispiele. Es schadet als Pferdemensch nie, sich damit zu beschäftigen.

Generell: Beobachte dein Pferd und rufe bei Anzeichen einer Vergiftung (starker Speichelfluss, Zittern, erhöhter Puls, Atemnot, Gleichgewichtsstörungen, Kolikerscheinungen) den Tierarzt.

> ➢ Einen Anhaltspunkt für die mögliche Ursache zu haben, ist hilfreich für den Tierarzt. Überlege und beobachte, was dein Pferd in letzter Zeit zu sich genommen hat.

> ➢ Halte immer ein Handy mit genügend Guthaben und Akku für Notsituationen bereit.

NOTFÄLLE

Nicht nur für einen Wanderritt, sondern auch im alltäglichen Leben ist schnelles und richtiges Handeln in Notsituationen lebensrettend.

Da bei einer Tour mit Pferden ein erhöhtes Verletzungsrisiko besteht, empfiehlt es sich, vorher einen **Erste Hilfe Kurs für Menschen (und Pferde)** zu belegen.
Diese werden praxisnah zur freien Natur zum Beispiel beim VFD (Verband der Vereinigung der Freizeitreiter in Deutschland) oder dem DAV (Deutscher Alpenverein) angeboten, sowie beim Roten Kreuz und ähnlichen Organisationen.

Eine umfassende Erklärung zu Erste-Hilfe-Maßnahmen in verschiedenen Situationen sprengt hier den Umfang. Du solltest dich über ein Buch/Kurs/Internet zu eurer aller Sicherheit weiter informieren.

Unsere Tipps für mehr Sicherheit auf einem Wanderritt mitten in der Pampa:

- Eine **Telefonliste mit Kontakt- und Notfallnummern** auf PAPIER, falls das eigene Handy aussetzt.

- **Wo ist was in den Packtaschen?**
  Wichtige Utensilien wie Handy, Taschenmesser und ein kleines Seil sollten immer griffbereit sein.

- **Gebe regelmäßig deine Koordinaten nach Hause durch**, sowie deine weitere ungefähre Routenplanung. Eine gute Freundin war sogar mit GPS-Tracker unterwegs, welchen ihre Mutter zuhause verfolgen konnte.

- Habe immer eine Kontaktperson, die im Falle einer Verletzung **sofort losfahren würde und euch abholt**.

- **Geht mögliche Gefahrensituationen im Vorhinein alleine und in der Gruppe durch**:
  Was machen wir, wenn der Sattel unter dem Bauch hängt und das Pferd Panik schiebt?
  Die nötigen Handgriffe und der Umgang mit der Ausrüstung sollten allen Personen der Gruppe vertraut sein.
  Beispiel Sattel: Hängt er unter dem Bauch, ist die Gurtung möglicherweise stark angespannt und verdreht – somit schwieriger zu lösen.
  Wenn jeder die Ausrüstung kennt, können Zeitverzögerungen im Notfall vermieden werden.

- Informiere dich vorher über mögliche Epidemien oder Zeckenkrankheiten in deinen Reitgebieten. Merke dir diese Symptome, sodass du sofort den **Tierarzt rufen** kannst.

- Habe ein **Grundwissen** über Koliken, Vergiftungen, Schlundverstopfung und weitere mögliche Komplikationen, welche **schnelles Handeln im Notfall** erfordern.

Sei dir bereits im Vorhinein und **zu jeder Zeit deiner Verantwortung bewusst**.

Bilde dein Pferd so aus, dass du dich auch in schwierigen Situationen auf es verlassen kannst. Sei mit Menschen unterwegs, auf die du dich verlassen kannst.

Bevor du startest, sei dir sicher, dass du und dein Pferd das gemeinsam schaffen können.

Bis an die Grenze

Saint-Georges - Roye

„Aufgeben ist keine Option. Wir können uns nicht einfach an den Straßenrand setzen und warten, dass jemand kommt und uns holt. Um eine Übernachtung zu finden, müssen wir selbst aktiv werden."

Bettina

Yes! Estella ist wieder fit!
Sie war wohl einfach komplett übernächtigt aufgrund der Bremsenwiese und verspannt. Nach der Pause geht es ihr wieder gut.
Wir beschließen, trotzdem ein Teil ihres Gepäcks auf die anderen beiden umzuverteilen.

Nach mehreren Tagen „Sicherheit" geht es jetzt wieder mitten ins Abenteuer, wir werden eine Stadt namens Lure durchqueren und wollen dort unsere Vorräte auffüllen.
Es wartet ein heißer Wandertag auf uns, wir werden von Bremsen geplagt. So schlimm war es noch nie! Doch wir nähern uns einem Seengebiet.
Immer wieder sehen wir es blau durch die Bäume schimmern, doch mit den Pferden gibt es keine Möglichkeit, zum Wasser zu kommen.
Immerhin sind die Seen schön anzusehen.

Bei so vielen Bremsen ist eine gemütliche Mittagspause kaum möglich. Was wir gelernt haben: Nicht immer ist die romantische Variante, die Pferde an Bäume anzubinden und sich auf eine Bank im Wald zu setzen, die beste Wahl. Wenn es viele Bremsen hat, suchen wir uns eine Bank mitten in einem Dorf – dort werden die Pferde noch halbwegs verschont. Wir essen in der Mittagspause nur schnelle Sachen, wie ein belegtes Brot, oder kochen uns das Essen am Morgen bereits vor. So dauert es nicht allzu lange, da wir unsere Pferde nicht alle anbinden können. Vor der Tour dachten wir, dass wir während der Mittagspause absatteln werden.
Tatsächlich würde das länger dauern als die Mittagspause selbst.

Um die Nerven von uns und den Pferden zu schonen, machen wir nur die Gurte etwas lockerer und nehmen je nach Länge der Pause einen Teil der Packtaschen runter. Im Laufe der Tour konnten wir unsere Mittagspausen immer weiter verlängern, da die Pferde den Sinn einer Pause verstanden haben. Auch sie lernen, die Pause zu nutzen, sich auszuruhen und zu fressen.

Wir nähern uns gegen 17 Uhr der Stadt. Das ist ziemlich spät, da wir noch mit zwei Stunden für die Durchquerung und Einkauf rechnen müssen. Außerdem ist es in Stadtnähe schwierig, einen Schlafplatz zu finden.
Wir ahnen noch nicht, dass das einer der längsten Tage werden wird.

Tanja wartet mit den Pferden vor dem Supermarkt, ich gehe kurz einkaufen. Reis, Nudeln, Haferflocken, Soße, ein bisschen Obst und Gemüse und eine Tafel Schokolade.
Als ich an der Kasse stehe, bemerke ich das Pochen in meinem Kopf. Das war wohl zu wenig Trinken und zu viel Hitze heute. Ein Weilchen werde ich noch durchhalten, aber wir sollten bald einen Schlafplatz finden.

Essen verstaut, weiter geht's. Wir laufen aus der Stadt raus, auf einem Fußweg neben einer Autobahn – unsere Pferde schockt langsam nichts mehr. Daraufhin landen wir in einem Industriegebiet. Wir würden jetzt wirklich gerne einen Schlafplatz finden, nach dem heißen Tag sind wir alle müde. Auch die Pferde geben uns zu verstehen, dass es ihnen für heute reicht. Doch es geht nicht, wir müssen weiter suchen.

Bis wir wieder Wiesen sehen, geht es auf 21 Uhr zu. Wir sehen eine Ferme (Hof) am Straßenrand. Ich kann nicht mehr, es fängt sich alles an zu drehen. Tanja läuft in den Hof, um einen Besitzer zu suchen, ich warte mit den Pferden neben einem netten Garten. Tanja ist nur einige Minuten weg, doch es fühlt sich endlos an. Die Pferde haben keine Gnade mit mir, sie sind hungrig und streiten sich.
Als Tanja wiederkommt, kommen gerade die Gartenbesitzer nach Hause. Sie sind sofort begeistert von unseren Pferden und finden unsere Tour spannend. Es ist eine Familie aus Tierfreunden und die Frau hat sogar einen eigenen Hundesalon. Der Mann kennt einen Hof, 45 Minuten Fußmarsch von hier. Er bietet uns an, mit einer von uns hinzufahren und zu fragen.

Ich fahre mit, denn mir ist schwindlig. Ich versuche, mich mit einem Schokocroissant bei Kräften zu halten. Eine Viertelstunde drei Pferde im Stehen zu halten, würde nicht mehr hinhauen. Mit letzten Kräften überstehe ich die Fahrt und kann beim Hof fragen.
Als wir wieder zurück sind, ist es vorbei. Mir ist so schlecht, ich kann mich nur noch hinsetzen und kotze der Familie vor den Garten.

Ja, diese Momente gibt es auch. Besonders wenn man so ungeplant unterwegs ist wie wir. Es handelt sich bei so einer Tour definitiv um eine Grenzerfahrung, wo Menschen und Pferde immer wieder ans Limit kommen.
Doch dadurch haben wir gelernt, auch in schwierigen Situationen durchzuhalten und alles zu geben. Aufgeben ist keine Option. Wir können uns nicht einfach an den Straßenrand setzen und warten, dass jemand kommt und uns holt.
Um jeden Tag eine Übernachtung zu finden, müssen wir aktiv werden, mit Menschen kommunizieren, manchmal körperlich und mental an das Limit gehen. Doch immer wieder gibt es diese besonderen Momente, für die all die Entbehrungen es auf einen Schlag wert sind.

Danach geht es mir besser. Die Familie ist etwas besorgt und bringt mir Obst, Cola und Kopfwehtabletten.
Jetzt haben wir nur noch die letzten 45 min vor uns, es ist bereits halb zehn am Abend. Wir schieben Estellas Packtaschen zur Seite und Tanja schmeißt mich hoch. Zu Fuß packt das mein Kreislauf nicht und Tanja kann auch nicht alle drei Pferde führen. Jetzt noch ein bisschen durchhalten!

Wir bedanken uns herzlich bei der Familie und sie winken uns nach. Wie viele nette und hilfsbereite Menschen es doch gibt. Da kehrt der Glaube an die Menschheit zurück.

Nach einer Weile kann ich auch wieder laufen, es hat zum Glück deutlich abgekühlt und die Pause hat sich ausgezahlt. Als wir ankommen, ist es fast dunkel, doch jetzt heißt es erst mal Pferde entpacken und versorgen. Estella wird eingedeckt und wir bekommen eine Koppel für die drei. Wir fragen nach einer Box zum Übernachten für uns, es ist sogar eine frei!

Plane auf den Boden, Pads und Woilache ausbreiten und Schlafsäcke auspacken. Der Moment, wenn sich eine Pferdebox anfühlt wie das größte Himmelbett ...

Um halb zwölf nachts fangen wir an zu kochen, wir brauchen unbedingt noch eine richtige Stärkung. Ich fühle mich wieder fitter. Trotz der Strapazen freuen wir uns über den Tag und wie wir die Herausforderung gemeistert haben.
Es gibt Reis mit Nüssen, Rosinen und etwas Öl – eine Eigenkreation mit dem, was unsere Küche hergibt. Es schmeckt richtig gut.

Meine Erkenntnis des Tages ist, besser auf den Körper zu hören und Pausen einzulegen. Wir sind stundenlang ohne Pause und Trinken durchgelaufen, hatten nur das Ziel im Kopf, eine Übernachtung zu finden.

Im weiteren Verlauf unserer Reise haben wir immer wieder bewusst kleine Verschnaufpausen eingelegt und auf genügend Essen und Trinken geachtet.
Wir sind extrem auf die Leistungsfähigkeit unseres Körpers angewiesen und wollen ihm alles geben, was er braucht.

Obwohl wir seit diesem Tag unsere „Not-Cola" immer dabei hatten, haben wir sie nie mehr gebraucht.

Wo ist die Hängematte?

Roye - Mélisay

Bettina

Die nächste Etappe ist wie aus dem Bilderbuch. Der Himmel leicht bedeckt, perfektes Laufwetter. Ein epischer Moment, als wir vor dem Schild stehen: Mille Étangs. Tausend Weiher. Vor uns erheben sich grüne Hügel, wir können die Nähe der Berge schon spüren.
Abends kommen wir an einem Campingplatz vorbei, der Campingplatz-Betreiber hat sogar selbst Pferde und freut sich sehr, uns zu empfangen. Im Abendlicht packen wir unser Zelt aus, die Pferde grasen friedlich. Wir haben Zeit, unser Gepäck mal wieder in Ruhe zu sortieren. Es ist einer der Abende, wie man sie sich vorstellt.

Wusstest du schon, dass wir ursprünglich eine Ukulele mitnehmen wollten?
Die Idee war, dass wir uns immer wieder an den Straßenrand setzen und etwas Musik machen.
So wollten wir uns unterwegs etwas dazu verdienen. Außerdem haben wir uns das ziemlich lustig vorgestellt.
Auch eine kleine Hängematte zum Aufspannen zwischen zwei Bäumen stand auf unserer ersten Packliste.

Wir wären nicht wirklich oft dazu gekommen. Aber dieser Abend war so ein Ukulele Abend.

OHNE WASSER KEIN LEBEN

Melisay - Mille Étangs

„Es wird Abend und weit und breit ist keine Menschenseele zu sehen."

Tanja

Der Beweis, dass dies wirklich der günstigste Campingplatz von Frankreich ist, zeigt die Rechnung: 10€ für ALLES! So haben es die Schwaben doch gerne.

Unsere Route haben wir auf Empfehlung der Einheimischen so gelegt, dass wir an ganz vielen Seen vorbeikommen werden.
Auf dem Luftbild sieht diese Gegend wunderschön aus.

Leider merken wir schon jetzt, dass wir und die Pferde von Bremsen geplagt werden und wir weder eine Decke, noch ein gutes Spray dabei haben. Estella ist sichtlich gestresst und lässt dies auch an ihrer Umgebung aus. Mir tut es im Herzen weh, die Pferde so leiden zu sehen und ich würde am liebsten die Nummer unserer Eltern wählen, um die Pferde abzuholen.
Eine solche Tour ist leider kein Spaziergang. Ok, das widerspricht sich in unserem Falle: Wir laufen die meiste Zeit.

Um 16 Uhr kommen wir wieder in ein starkes Gewitter. Zunächst stehen wir an einer Hauswand, die Pferde ziehen ein Gesicht wie sieben Tage Regenwetter. Durch den Wind regnet es uns irgendwann mitten ins Gesicht, hier bleiben wir nicht lange. Durchnässt und schlotternd suchen wir weiter und finden ein Hüttchen mit großem Vordach für die Pferde, welches wie für uns gemacht ist.
Tja, ohne Wasser kein Leben. Dieser Gedanke hält mich recht positiv gestimmt und ich blende die Feuchtigkeit weitgehend aus.
Unter dem Dach packen wir unser Mittagessen aus und freuen uns über unseren außerordentlich durchdachten Speiseplan - heute gibt es Couscous mit Erbsen und Nüssen.
Gut gelaunt legen wir unter dem Dach eine lange Mittagspause ein.

Nach einer Weile hat der Regen nachgelassen und die Sonne bricht durch die Wolkenwand. Wir machen uns auf den Weg nach Écromagny. Wieder ein kleines Dörfchen, außer auf einem kleinen Gartenfest ist niemand zu sehen. Nun schlägt es 18 Uhr und eigentlich sollten wir so langsam eine Übernachtung suchen, doch hier meldet sich unser „Lauf-Ego".
Sechs Kilometer haben wir heute auf dem Buckel, das macht ein untrainierter Jogger in weniger als einer Stunde!

Nachdem wir an zwei verlassenen, ruinenähnlichen Häusern vorbeigekommen sind, erblicken wir hier eine wunderschöne Stelle auf einer leichten Anhöhe.
Weit und breit ist keine Menschenseele zu sehen und es wird immer später. Hier werden wir unser Lager aufschlagen.
Die Abendstimmung zieht uns in ihren Bann. Die Pferde grasen friedlich, unterbrochen von ein paar lebhaften Galoppsprüngen.

Wir merken, dass wir so langsam die Abläufe kennen und haben unser eigenes System entwickelt. Besonders stolz sind wir auf unsere „Hausrat Ordnung". Außen liegen die Sachen, an die wir schnell drankommen sollten und innen liegen die Sättel, große Taschen und Ähnliches.

Da weit und breit nichts ist, spannen wir für Don und Feenja einen sehr großen Paddock. Estella steht alleine bei uns, damit mehr Ruhe unter den Pferden herrscht.
Mit dem Summen der Insekten schlafen wir ein, unseren immer treuen Mitbewohnern.

Das Gepäcklager

Eines der schönsten Dinge war es, abends die Pferde „abzupacken" und ein Lager zu bauen. Das hatte eine gewisse Feierabendstimmung.

Wir haben uns dafür entschieden, nur ein kleines (2-Personen) Zelt zu kaufen und dafür das Gepäck und die Sättel draußen zwischen **zwei wasserdichten Planen** zu lagern.

Anfangs haben wir alles auf die Plane geschmissen. Eine erkennbare Ordnung war kaum vorhanden, dadurch mussten wir nach einzelnen Gegenständen immer ewig suchen.

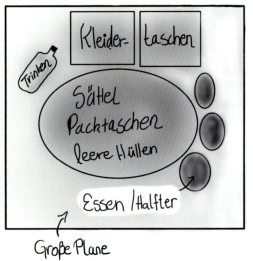

Schnell hat sich eine Ordnung entwickelt:

Innen sind die Sättel, sowie die großen Packsäcke mit dem Inhalt, welchen wir nicht direkt brauchen.

Die **Kleidertaschen**, die **Essenstaschen**, das Trinken und Zaumzeug für die Pferde liegt **am Rand** und ist somit **direkt greifbar**.

Grund: Wenn das Lager abgedeckt ist und es regnet, reicht es, nur eine Seite der Plane anzuheben.

Die **Wertsachen** sind natürlich im Zelt.

Bezüglich Essen: Das sollte man nicht unbedingt in einem Gebiet mit Bären machen. So drastisch haben wir jedoch Frankreich nicht eingeschätzt.

Reality... 29.06.18

Das Millionen Sterne Hotel

Prinzessin auf der Erbse ist hier fehl am Platz – so viel schon mal im Voraus. Trotzdem fand ich unser Lager oft verhältnismäßig gemütlich.

Anfangs haben wir aufgrund der Feuchtigkeit im Zelt übernachtet. Später auch auf der Plane unter dem Sternenhimmel.

Uns war wichtig, nicht unnötig viel Gepäck dabei zu haben. Deswegen haben wir meistens die Sattelunterlagen der Pferde als Schlafunterlage genutzt. Dazu sollte man aber schon etwas robust sein.

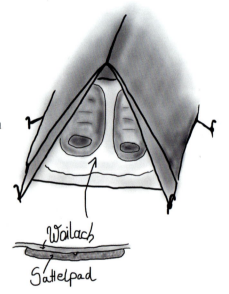

Unser Lager im Zelt:

Tanja schläft auf:
2 zusammengefalteten Woilachen

Bettina:
2 Westerpads
oben drauf der dritte Woilach

Isomatte: Wir hatten eine sehr klein zusammenfaltbare Isomatte dabei. Von 1,5 Monaten war sie ungefähr zehn Tage im Einsatz, meist bei Kälte vom Boden oder auf Steinboden. An diesen Tagen war sie Gold wert.

PS: Die ersten Tage auf einer weichen Matratze nach dem Ritt waren eher ungemütlich und mit Rückenschmerzen verbunden. Ich habe in der Nacht ernsthaft überlegt, ob ich mich auf den Boden lege.

Im Millionen Sterne Hotel:

Übernachten unter freiem Himmel? Ein wunderschönes Gefühl. Ganz unten haben wir eine große Plane hingelegt, 2 auf 3 Meter. Darauf die drei Woilache und zwei Sattelpads in unterschiedlichen Variationen, auf dem meist weichen Waldboden hat das gereicht.

Für Mai-Juli hatten wir Schlafsäcke mit einem Komfortbereich bis +5 Grad. Das war ein gutes Mittel, manchmal zu heiß, manchmal zu kalt. Darum ist es gut, noch eine weitere Schicht dabei zu haben. Ein Woilach lässt sich bei Kälte auch als Zudecke umfunktionieren. Frieren von oben oder unten ist ungemütlich, teste den Komfortbereich deines Schlafsacks davor aus.
Natürlich musst du dich je nach Empfindlichkeit und Temperatur mit verschieden warmen Sachen ausstatten. (Nach Hawaii würde ich andere Sachen mitnehmen als nach Sibirien – selbsterklärend.)

Eine Übernachtung finden

Ganz ehrlich – bis ich es selbst erlebt habe, habe ich auch nicht geglaubt, dass es wirklich geht!
Jeden einzelnen Tag eine Übernachtung finden mit drei Pferden? Spontan. Geht das?

Ja! Zugegeben, es war nicht immer ideal. Einmal haben wir erst um halb elf etwas gefunden. Manchmal mussten wir wirklich die Zähne zusammenbeißen und weiterlaufen, über unseren eigenen Schatten springen und einfach fragen. Wir haben es aber immer geschafft.

Am Anfang der Tour kam es uns total komisch vor, einfach zu klingeln und nach einer Übernachtung zu fragen. Es war immer eine riesige Überwindung.
Doch mit der Zeit ist es uns immer leichter gefallen. Wir haben nicht mehr um den heißen Brei herumgeredet, sondern unser Anliegen in wenigen Worten auf den Punkt gebracht.

Erst mal überlegen: Was für Möglichkeiten haben wir?

- Du kannst dir **zu Hause bereits einige gute Höfe auf der Strecke heraussuchen**, wo du gerne einen Zwischenstopp oder einen Pausentag einlegen möchtest. Das gibt Sicherheit und hilft zur grundlegenden Orientierung.

- Lade zu Hause alles runter, was du bezüglich **Wanderreitkarten** und **Wanderreitnetzwerk** über deine Gegenden findest.
  Du brauchst noch nichts fest ausmachen, aber so hast du immer einen Überblick, wo es Höfe gibt.

- In der Zeit der Smartphones kannst du **unterwegs** auch einfach **nach Höfen in deiner Nähe suchen**. Dafür kannst du zum Beispiel Begriffe wie Reiterhof, Wanderreitstation aber auch Bauernhof, Landwirtschaftsbetrieb oder Campingplatz eingeben. Einfach alles, was dir einfällt, wo es Gras gibt!

- **Frage bei den Einheimischen nach,** mit denen du auf der Straße in Kontakt kommst. Oft gibt es kleine Höfe, die im Internet kaum auffindbar sind. Wir waren auch einmal in einer Art Jugendherberge/Hütte, die uns von einer Einheimischen empfohlen wurde. Diese hatte auch dazugehörige Koppeln – das hätten wir vom Internet nicht erfahren.

- Frage bei deinen Gastgebern, ob sie eine Übernachtung in, zum Beispiel, fünfzehn Kilometern Entfernung wissen. Oft haben die Menschen auch **persönliche Kontakte** oder kennen jemanden mit einer Koppel hinter dem Haus.

- Es muss nicht immer ein Reitstall sein. Manchmal gibt es auch **Häuser mit einer Wiese daneben**. Wir haben immer überlegt, zu welchem Haus die Wiese gehören könnte und einfach geklingelt. Wenn es nicht das richtige Haus ist, dann wissen sie meistens, wem die Wiese gehört.

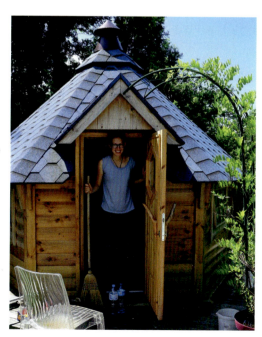

Eine der coolsten Übernachtungen.

Im selbstgebauten Hüttchen bei einer sehr netten Familie im Garten.

Eine Übernachtung finden

- Die weniger legale Variante: **Wildcampen**. Das sollte nur der letzte Ausweg sein und nicht die Regel. In den meisten europäischen Ländern ist Wildcampen verboten, nur in den Skandinavischen Ländern ist es unter Einhaltung bestimmter Regeln offiziell erlaubt.
Trotzdem sind die Einwohner auch in anderen Ländern nachsichtig, solange der Standort abgeschieden ist, niemand gestört wird und rücksichtsvoll mit der Natur umgegangen wird. In manchen Ländern (wie Österreich und Schweiz) gibt es jedoch sehr hohe Geldstrafen. Wenn du vorhast auch mal wild zu campen, informiere dich vorher über die Regeln des Landes.

Unsere Erfahrungen mit Wildcampen:

Wir haben immer zuerst versucht, eine Übernachtung durch Fragen zu finden und das hat meistens gut geklappt.
Doch manchmal waren wir in Gebieten unterwegs, in welchen kein Mensch war, den wir hätten fragen können.
Wichtig ist hier, keine landwirtschaftlich genutzten Wiesen plattzumachen. Wir haben uns zum Beispiel auf nicht bewirtschafteten Grasstreifen oder bewachsenen, leeren Parkplätzen aufgehalten.
Dabei abends spät kommen, morgens früh gehen und keinen Müll hinterlassen. Wir hatten nie Probleme.
Tendenziell würde ich die Route so planen, dass es eine hohe Wahrscheinlichkeit gibt, die Übernachtung durch Nachfragen zu finden. Das ist legal und außerdem viel entspannter.

Wie frage ich nach einer Übernachtung?

Klingeln und fragen fühlt sich anfangs komisch an. Doch daran wächst du schnell! So sah unsere Konversation auf französisch meistens aus:

> *„Bonjour! Nous sommes deux filles d'Allemagne et nous faisons de la randonne avec nos trois chevaux.*
> *On a besoin d'une place pour dormir pour la nuit. Nous avons tout pour nous et les chevaux, on a besoin seulement d'un petit pré.*
> *Est-ce que vous avez de la place pour nous?"*
>
> „Guten Tag! Wir sind zwei Mädchen aus Deutschland und machen eine Wanderung mit unseren drei Pferden. Wir suchen einen Platz zum Schlafen für diese Nacht. Wir haben alles für uns und unsere Pferde dabei, brauchen also nur eine kleine Wiese.
> Hätten Sie einen Platz für uns?"

Qui/Ja, *Non* /Nein

> *„Peut-être, connaissez-vous quelqu'un qui pourrait avoir une place pour nous pour dormir? Ce serait génial!"*
>
> „Kennen Sie zufällig jemanden, der einen Schlafplatz für uns hätte? Das wäre toll!"

....

> *„Merci beaucoup. Au revoir et bonne journée."*
>
> „Vielen Dank. Auf Wiedersehen und noch einen schönen Tag."

Kreativer Zaunbau

Was ein Mensch für die Übernachtung braucht, ist jedem klar.
Aber ein Pferd? Wie bringe ich mein Pferd unter, wenn ich keinen Stall zum Übernachten finde?

Uns war es wichtig, besonders unabhängig zu sein. Zudem waren wir in eher einsameren Regionen mit wenig Reitställen unterwegs. Über Nacht anbinden wollten wir unsere Pferde nicht, deshalb haben wir uns für ein mobiles Zaunset mit Batterie entschlossen. So brauchen wir nur Gras und Wasser und die Pferde können überall komfortabel übernachten.

Wann brauche ich ein eigenes Zaunset – wann nicht?

Contra:
Nicht auf jeder Tour ist ein eigenes Zaunset sinnvoll. Es braucht eine Menge Platz, ohne extra Packpferd ist es schwierig zu transportieren. Außerdem ist es ein Kostenaspekt und braucht Zeit zum Einarbeiten und sicherem Aufstellen.
Je nach Region findet sich gut jede Nacht eine umzäunte Fläche für die Pferde. Gute Freunde von uns sind durch ganz Deutschland gelaufen, mit Pferden und ohne Zaunset. Auch sie haben immer eine Übernachtung gefunden, mussten manchmal jedoch deutlich weiter laufen, als sie eigentlich wollten. Trotzdem hat es funktioniert.
Wer ohne Zaunset unterwegs ist, geht nochmal mit einem anderen Blick auf Schlafplatzsuche. Du findest Menschen und Orte, die du mit Zaunset nicht gefunden hättest.

Nicht jedes Pferd bleibt im Zaun. Die Pfosten sind niedrig, die Litze dünn. Aufgrund der niedrigen Pfosten und des hohen Grases war bei uns die Litze häufig nur einfach gespannt. Mit einem Pferd, das den Stromzaun nicht respektiert, ist das ein großes Risiko.
Unsere drei haben zum Glück die Grenze sehr gut respektiert, sonst hätten wir das nicht gemacht! Sicherheit geht da wirklich vor.

Pro:
Ein Zaunset ist praktisch, wenn du

- in wenig bewohnten Gegenden unterwegs bist, eher naturnah
- komplett unabhängig sein willst
- deine Route lang und ungeplant ist
- sehr stromzaunsichere Pferde hast
- die Motivation hast, jeden Morgen und Abend das Zaunset auf- und abzubauen

Wir waren sehr glücklich mit unserem Zaunset. Oft haben wir bei Häusern oder Höfen mit Wiesen gefragt, welche nicht eingezäunt waren. Da wir unseren eigenen Zaun dabei hatten, war das kein Problem.
So haben wir kaum Absagen bekommen.
Unsere Tour wäre ohne eigenen Zaun in dieser Form nicht möglich gewesen, dazu gab es zu wenig Höfe und sehr viel Natur auf unserer Strecke. Wir haben unser Zaunset durchschnittlich jede zweite Nacht genutzt.

Zaunset ja oder nein: Das entscheidet die Art, wie du gerne reisen möchtest.
Überlege, was zu dir und deiner Strecke sowie zu deinem Pferd passt.

Kreativer Zaunbau

In unserem mobilen Zaunset waren enthalten:

- Sechs auseinanderklappbare Aluminiumpfosten (so konnten wir unsere drei Pferde der Ruhe halber in zwei Gruppen aufteilen).
- Zwei Mal 50 Meter Litze.
- Plastikisolatoren, um die Litze an den Pfosten zu fixieren.
- Heringe und Spanner, um den Pfosten nach außen Stabilität zu geben.
- Kleines Stromgerät und Batterien, die für sechs Wochen locker reichen.

Je nachdem mit wie vielen Pferden du unterwegs bist, kannst du dir die genaue Größe deines Zaunsets selbst zusammenstellen. So ein Wanderreit-Zaunset lässt sich vollständig im Internet bestellen.

Physik und so:

Unser erster Aufbauversuch hat so geendet: „Papa, das funktioniert einfach nicht!"

Als Papa das in die Hand nahm, funktionierte es recht schnell.
Es empfiehlt sich also, die Bedienungsanleitung zu lesen und sich über die Grundlagen der Physik Gedanken zu machen.

Wann kann Strom fließen? Der Stromkreis muss geschlossen sein und der Strom darf nirgends in den Boden abfließen. Wenn trotz angeschaltetem Stromgerät kein Strom fließt, geht die Fehlersuche los.

- Die Litze durfte in unserem Fall nicht an die Pfosten kommen, da diese aus Aluminium waren. Diese leiten den Strom in den Boden.

- Auch zu viele hohe Gräser und Pflanzen, die gegen die Litze kommen, leiten den Strom ab. Darum die Äste wegbinden und die Gräser am Zaun entfernen.
- Zu viele Knoten in der Litze lassen die leitenden Metallstränge brechen. Darum gehe sorgsam mit den Litzen um.
- Das Plus- und Minuskabel des Stromgeräts muss korrekt angeschlossen sein. Bei uns gab es eine Abbildung dazu.
- Eine Verbindung geht zur Litze, die andere zum Erdungsnagel in den Boden. (So war es bei unserem Zaunset).

Alles richtig aufgebaut? Jetzt heißt es Strom testen. Am Anfang ist uns nichts anderes eingefallen, als einfach hinzufassen. Hier kannst du dich selbst entscheiden, in welchem Fall du dich freust:
Wenn du einen Stromschlag bekommst, oder wenn du KEINEN bekommst.

Dann sind wir auf den Trichter gekommen, dass wir auch einen Grashalm hinhalten können und lauschen. Wenn du ganz leise bist, hörst du an der Berührungsstelle Grashalm - Zaun ein leichtes Ticken.
Je nach Feuchtigkeit kann man den Stromimpuls leicht durch den Grashalm spüren, aber es ist nicht schmerzhaft.
Es gibt auch Messgeräte für den Stromzaun, das ist natürlich die komfortable Lösung.

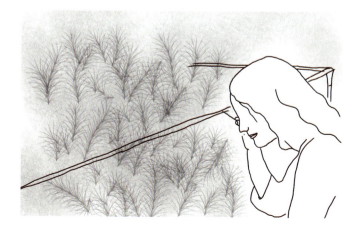

Kreativer Zaunbau

Sicherheitsaspekte:

Ein Wanderreitzaun ist praktisch und verhältnismäßig klein, aber **nicht sonderlich stabil**. Wie er einem wirklichen Unwetter standhält, wollten wir lieber nicht austesten. Darum ist es von Vorteil, sich bei starkem Wind oder Unwetter immer eine fest umzäunte Übernachtung zu suchen. Den Pferden und dem tiefen Schlaf zuliebe.

Auch was den Strom angeht, waren wir sehr pingelig. Wir hatten wirklich jede Nacht Strom drauf und haben das vor dem Schlafengehen nochmal überprüft. Wahrscheinlich wären die Pferde auch so drinnen geblieben, wir wollten jedoch gar nicht in die Situation kommen, dass sie den Zaun in Frage stellen.

Wanderreithacks:

Opas Metallstange! Bei hartem Boden ist es oft schwierig, die Pfosten tief in den Boden zu treiben. Aus diesem Grund hatten wir eine 40 cm lange, sehr stabile Eisenstange mit dabei, die man mit einem Stein selbst in harten Boden hauen konnte. Das war ein Vorschlag vom Opa und hat super funktioniert. So vorgebohrt gingen die richtigen Pfosten viel tiefer in den Boden. Bei feuchtem Wetter ist das nicht nötig, bei harten Böden oder längerer Trockenheit eine große Hilfe.

Schnüre und Panzertape für kreativen Zaunbau! Die Zaunpfosten müssen nicht immer im Boden stecken. Je nach Stabilität und Bodenbeschaffenheit waren sie auch mal an einem Baum oder ähnlichem befestigt. Dabei sind verschiedene Schnüre und Klebeband goldwert und der Kreativität sind keine Grenzen gesetzt.

Es ist ein tolles Gefühl, wenn der Paddock für die Pferde fertig ist. Uns hat es Spaß gemacht und es war eine schöne Abendroutine.

Viel Freude beim Wanderreiten – und beim kreativen Zaunbau.

Unsere Pferde müssen leiden

Écromagny – Effreney

*„Es ist ein großer Unterschied,
ob man mit Pferden wandern geht oder alleine."*

Tanja

Huf trifft Topf.
Anscheinend ist es Estella langweilig geworden und sie geht auf Entdeckungstour. Mit ihrem Kopf gibt sie dem Zelt einen Schubs und sucht nach dem Essen.
Wann hat man denn schon so einen radikalen und echt süßen Wecker gleichzeitig? Immerhin hat sie bis 5.30 Uhr gewartet.

Nun lohnt es sich auch nicht mehr, zu schlafen. Das wird Estellas Meinung nach sowieso überbewertet.
Heute war es an der Zeit, unseren persönlichen Einpackrekord zu schlagen. Um 8.12 Uhr bahnen wir uns bereits wieder einen Weg durch die französische Wildnis.
Der Wald ist moosbewachsen und wir wandern auf verschlungenen Pfaden, vorbei an spiegelglatten Weihern. Ein märchenhafter Anblick, der zum Träumen einlädt.

Irgendwann habe ich einen Geistesblitz. Soll Barfußlaufen nicht gesund für die Fußmuskulatur sein? Kurz nachdem ich die Schuhe ausgezogen habe, wollen mir die weichen Waldböden neue Herausforderungen schenken. Der Boden wechselt von Erde zu Stein.
Zugegeben sind die Kieselsteine hier schon sehr spitz, trotzdem kann ich es nicht lassen. Unsere Pferde laufen ja schließlich auch barfuß.

Die Navigation in einem „Märchenwald" ist so eine Sache. Wege machen große Kreise oder enden im Nichts. Wir wissen, dass jeder Pfad für welchen wir uns entscheiden ein Risiko ist, wieder umkehren zu müssen. Es darf nur eine rutschige Holzbrücke kommen und wir müssen alles wieder zurückgehen.

Nach jeder Kurve atmen wir auf, wenn die Passagen für die Pferde gut machbar sind.
Es ist ein großer Unterschied, ob man mit Pferden wandern geht oder alleine. Die Verantwortung ist uns bewusst und wir entscheiden uns lieber für einen sicheren Weg, als die Grenzen der Pferde zu überschreiten.

Die Mustangs meistern Naturhindernisse problemlos. Estella braucht bei einer etwas schwierigeren Passage über einen Bach seelische und moralische Unterstützung, da sie wirklich Stress bekommt. Eigentlich ist die Stelle gut machbar, doch sie traut sich selber wenig zu und darf noch an ihrem Körpergefühl arbeiten.
Langsam habe ich sie auf die andere Seite geführt. Ich glaube, da kann sie in den nächsten Wochen noch viel lernen!

Bettina

Nach einigen Stunden kommen wir vom Wald auf die Straße, Tanja hat inzwischen ihre Schuhe wieder angezogen. Die Bremsenplage wird immer schlimmer, unsere Pferde haben Stiche an der Brust und den ganzen Hals hoch. In einem schwülen Waldgebiet ist das nicht anders zu erwarten, wir müssen die Pferde unbedingt schützen.

Im nächsten Dorf begrüßen uns zwei Haflinger auf der Weide, die Besitzerin ist gerade auch da. Ich habe aus irgendeinem Grund das starke Gefühl, dass ich sie ansprechen sollte. Wir fragen sie, ob sie vielleicht eine Übernachtung für uns und die Pferde in ein paar Kilometern weiß. Es stellt sich heraus, dass sie aus Deutschland kommt und wir kommen ins Reden, sie bietet uns und den Pferden etwas zu trinken an.
Sie erzählt uns, dass sie hier auf dem Land ihren Traum vom eigenen kleinen Hof wahr machen konnte. Der einzige Nachteil dieser Gegend ist, dass es viele Bremsen gibt.

„Ja, das mit den Bremsen haben wir auch schon festgestellt"

... Sie hätte da noch drei Fliegendecken, die sie seit Jahren nicht mehr benutzt hat, die würde sie uns schenken ... wirklich?!?

Was wir an tollen Menschen kennengelernt haben, ist wirklich
unglaublich! Diese Begegnungen sind sehr bereichernd.
Auch sind wir verwundert, wie gut sich alles fügt. Immer wenn wir
etwas wirklich gebraucht haben, hat es den Weg zu uns gefunden.

Mit Fliegendecken ausgerüstet laufen wir weiter zur Gîte (eine Art
Hütte/Hostel), die sie uns empfohlen hat. Wir merken den Effekt der
Decken sofort, denn die Pferde sind viel entspannter. Sie hatte nur
Nierendecken, doch diese haben wir über eine kreative Konstruktion zu
Halsdecken umfunktioniert, da dort die Pferde am meisten gestochen
werden.
Wir freuen uns, als wir in das Dörfchen Effreney kommen, in welchem
die Gîte sein soll. Das Dörfchen ist klein, doch weit und breit ist keine
Unterkunft zu sehen. Wir fragen Google Maps; die Gîte gehört zwar zum
Dorf, liegt jedoch deutlich außerhalb. Das sind nochmal zwei Kilometer
so richtig den Berg hoch.

Wir sind alle fertig und haben uns gerade noch bis nach Effreney
geschleppt. Doch uns bleibt keine Wahl. Hier unten ist keine Möglichkeit
zum Übernachten und wir bräuchten etwas Festes, nach Möglichkeit mit
Dusche und um unsere Wasserflaschen aufzufüllen.

Die Pferde streiken. Eine Windung nach der anderen schlängelt sich die
Straße den Berg hinauf. Immer wieder bleiben sie stehen und schauen
uns missmutig an. Obwohl wir selbst total fertig sind, versuchen wir sie
aufzumuntern und zu motivieren. Wenn sie eine Weile gut mitlaufen, gibt
es eine kurze Fresspause.
Kommt, einen Kilometer schaffen wir noch!

Bei der Gîte werden wir herzlich empfangen und bekommen eine schöne
Koppel für die Pferde. Wir sind jedoch zu müde für eine Unterhaltung
auf schnellem Französisch. Das verlockende Angebot eines Zimmers mit
Abendessen und Frühstück lehnen wir ab. Da wir so lange unterwegs
sind, behalten wir lieber das Budget im Blick.

Wir bauen unser Zelt neben der Koppel auf und kochen mit unserem
bewährten Campingkocher. Dabei fällt uns auf, dass wir nicht mehr so
viel Essen haben. Wir nähern uns einem dünn besiedelten Gebiet.
Jetzt wollen wir nur noch schlafen.

BREMSENSCHUTZ

Zzzzzzzz

Welcher Reiter kennt das nicht?

Dass dieses Geräusch zu einer unseren größten Hürden werden würde, hätten wir nicht geglaubt.

Bis zu den vielen Seen ging alles soweit gut.
Dann kam der Moment, in welchem wir ernsthaft überlegt haben, die Tour abzubrechen. Schon morgens wurden wir von Bremsen attackiert, es war wirklich heftig.
Mit allen Mitteln haben die Pferde versucht, die Bremsen loszuwerden. Wurde man einmal selbst gestochen, weiß man warum die Pferde so heftig darauf reagieren.

Anfangs haben wir das als respektlos und unerzogen empfunden, wenn die Pferde wie ein Rammbock auf uns zugelaufen sind. Doch dann habe ich dieses Verhalten in der Herde beobachtet. Interessant zu sehen war, dass sich auch die rangniedrigeren Pferde an den ranghöheren gekratzt haben. Wenn es darum geht Bremsen loszuwerden, bilden sie alle eine Gemeinschaft. Der Mensch ist nur leider nicht so robust wie ein Pferd.

Deshalb haben wir es nicht mehr allzu persönlich genommen, sondern vermehrt auf den Abstand geachtet und keine Bremsen vom Pferd mehr entfernt, wenn sie uns näher kamen - höchstens die Bremsen mit einem Zweig auf Abstand entfernt. So wurde die Situation ruhiger.

Eines wussten wir jedoch: Es MUSS sich etwas ändern! So ist es für die Pferde eine große Belastung und uns macht es auch keinen Spaß.

Bei Wanderritten während der Mücken- und Bremsenzeit würden wir empfehlen:

- Fliegenmasken/Bändel am Stirnriemen: Wichtig bei Masken ist ein stabiles Material, weil sie sonst schnell reißen.
- Ein (biologisches) Bremsen- und Mückenschutzmittel.
- Eventuell Bremsenschutzdecken für den Tag. Der Halsbereich war bei unseren Pferden am Wichtigsten, wir haben Nierendecken dafür umfunktioniert. In Kombination mit Bremsenschutzmitteln hat das bei den Mustangs gereicht. Bei Estella, die aufgrund ihres Ekzems eine erhöhte Empfindlichkeit hat, war eine Ganzkörperdecke die Rettung.

Wahl der Route/Jahreszeit: Feucht- und Seengebiete bei schwülem Wetter am besten meiden.
Am Anfang des Sommers ist die Bremsenbelastung unserer Erfahrung nach am stärksten. Im September dagegen war wieder Ruhe. Frühsommer muss also nicht unbedingt die beste Jahreszeit zum Wanderreiten sein.

Als wir die Pferde wirklich geschützt haben, war die Tour bedeutend (!) entspannter. Zusammen konnten wir den Weg genießen, ohne die ganze Zeit von blutrünstigen Insekten attackiert zu werden.

Der Aufstieg hat sich gelohnt

Gîte Jonchée – Kapelle

„Auch bei den Pferden ist so langsam ein schöner Rhythmus eingekehrt. Sie warten geduldiger, streiten sich nicht mehr und nutzen ihre Pausen."

Tanja

Heute wecken uns die ersten Sonnenstrahlen am Morgen. Leicht gerädert stehen wir auf, eine Nacht im Zelt ist nicht immer so erholsam. Unser Essen geht zur Neige und wir besorgen uns vorausschauend Baguette und Marmelade in der Gîte. Wir frühstücken gemeinsam mit den anderen Gästen.

Zugegeben bemerke ich immer erst unter Leuten, wie alternativ wir unterwegs sind. Die anderen Gäste sitzen uns fit und munter gegenüber, nach einer Nacht im weichen Bett und werden nun ihre Radrunde starten. Sie werden heute so viele Kilometer fahren, wie wir mit unseren Vierbeinern in einer Woche machen.

Der gestrige Anstieg hat sich wirklich gelohnt – die Luft hier oben ist frisch und es hat kaum Bremsen. Was für eine Erleichterung!
Monsieur Jonchée kann es kaum glauben, dass wir von diesem Abschnitt keine Karte besitzen. Man könne sich doch nicht einfach auf das Handy verlassen, das ginge ja gar nicht.
Recht hat er! Vielleicht schmeiße ich es in den nächsten Tümpel, um das Abenteuer noch etwas zu vergrößern.
Wir fotografieren uns die IGN–Wanderkarte ab und geben Landkarten nochmal eine neue Chance.

Duschen, spülen und waschen stehen morgens auf dem Programm.
Um 14.00 Uhr ist das Gepäck schlussendlich auf den Pferden und wir entscheiden uns, die Mittagspause einzulegen, noch bevor wir nur einen Meter gelaufen sind.
So langsam schockt uns nichts mehr.

Fröhlich laufen wir mit Hilfe der Wanderkarte los und haben schon nach der zweiten Abzweigung Schwierigkeiten. Es ist ein Weg eingezeichnet, den wir einfach nicht finden können. Die Karte möchte uns geradewegs durch einen Garten leiten, wir probieren es stattdessen mit querfeldein durch den Wald.
Nach eineinhalb Stunden kommen wir wieder am Startpunkt an und hoffen, dass wir unseren Gastgeber nicht treffen. Das wäre etwas peinlich, dieser ist nämlich morgens auf einen 30 Kilometer Ritt mit Touristen gestartet und kommt zur Nachmittagszeit wieder heim.

Wir entscheiden uns, wieder Google Maps um Rat zu fragen und finden schnell einen wunderschönen Höhenweg.
Endlich haben wir einen Ausblick über das Tal und die Vogesen.
Ich liebe die Berge, die Stimmung ist sehr friedvoll.

Es ist anders als unten im Flachland. Wenig Bauernhöfe und Dörfchen, dafür viel Natur, Wild und frische Luft zum Atmen. Und keine Bremsen!

Gegen 19.30 Uhr finden wir eine Wiese in der Nähe einer Kapelle, auf der wir campen werden. Uns wäre es lieber, wir könnten jemanden um Erlaubnis fragen, aber hier ist keine Menschenseele.
Sehr routiniert entpacken wir unsere Pferde und stellen unser Lager auf.

Auch bei den Pferden ist langsam ein schöner Rhythmus eingekehrt.
Sie warten geduldiger, streiten sich nicht mehr und nutzen ihre Pausen.
Willkommen im Wildnis-Erziehungscamp, ihr Lieben!

Zwischen Nebel und Hoffnung

Kapelle – La Vigotte

„An diesem Punkt ist es wichtig, sich bewusst zu machen, was ich habe. Und nicht, was ich nicht habe. Wir könnten immer etwas finden, was uns fehlt. Wir haben dennoch ALLES, was wir brauchen."

Tanja

Nach einer angenehm ruhigen Nacht und tiefem Schlaf stellen wir fest, dass Feenjas Packtaschen bedeutend leichter werden. Feenja hätte wahrscheinlich kein allzu großes Problem damit, wenn unsere Nahrungsmittel ausgehen. Sie muss sie ja schließlich tragen und ist nicht auf deren Inhalt angewiesen.

Wir merken, wie viel Essen wir bei so einer Tour benötigen. Es schwindet schneller, als wir schauen können. Wir gehen nicht verschwenderisch mit dem Essen um und teilen es uns gut ein, trotzdem scheint es sich buchstäblich in Luft aufzulösen.

Danach rationieren wir unsere Mahlzeiten noch mehr als gewohnt und genießen das, was wir haben: Haferflocken mit Wasser. Das mag sich vielleicht komisch anhören, aber ich finde es wirklich lecker.

Nach dem Frühstück studieren wir die Karte und haben eine geistreiche Idee: Lass uns doch die Abkürzung durch den Wald nehmen!

Da die Essenstaschen nun weniger wiegen als mein Rucksack, laden wir diese zusätzlich auf Estella. Somit kann ich mich hin und wieder auf Feenja setzen und im Wald die Lenkung um die Bäume üben. Die Wege fangen vielversprechend an. Uns fällt allerdings auf, dass hier kein touristisches Wandergebiet ist. Die Beschilderung ist mittelmäßig, oft enden breite Wege im Nichts oder sind zugewachsen.

Es geht steil bergauf und bergab. Wir kommen nicht gut voran und unser Gefühl sagt insgeheim, dass wir uns wieder Richtung Ausgangspunkt bewegen.
Und ja ... das Gefühl trügt nicht. Nach über zwei Stunden sind wir 400 Meter Luftlinie weiter nach Norden gekommen.
Auch das ist eine Kunst.

Wenigstens hatten die Pferde im Wald die Möglichkeit, ihren Mineralstoffhaushalt aufzufüllen, denn sie haben genüsslich am Waldboden geleckt. Natürlich bekommen sie zusätzlich Mineralfutter sowie Salz.

Wir folgen erneut der D–Route, einer Landstraße in Frankreich. In stadtnahen Gebieten würden wir diese Straßen eher vermeiden, hier auf dem Land kommt nur selten ein Auto. Außerdem sind unsere Pferde inzwischen sehr straßensicher.

Plötzlich passiert etwas Ungeahntes - Dons Sattel dreht sich wieder unter den Bauch. Er hat geschwitzt und trotz gutem Gurten ist er aufgrund der vielen Höhenmeter langsam verrutscht.
Don schießt nach vorne, doch Bettina kann ihn schnell beruhigen.
Ich eile zu ihm und löse den Gurt, inzwischen sitzen die Griffe.
Ein klares Zeichen, eine Mittagspause einzulegen. Der Sattel ist direkt neben einer Kapelle verrutscht, was für ein Zufall. Wir tragen ihn direkt unter das Dach, denn in dem Moment fängt es auch noch an zu nieseln.

Neben der Kapelle suchen wir Schutz, es ist etwas trockener. Zum Glück gibt es Bäume, um die Pferde anzubinden. Wie kochen unsere letzte Packung Nudeln mit der letzten Tomatensoße und dem letzten bisschen Gas. Wie wohl ungekochte, eingeweichte Nudeln schmecken würden?

Wir sind nicht mal sehr geschockt, als es aus allen Kübeln anfängt zu schütten. Mit ausgepackter Regenuniform ziehen wir weiter. Wir sind mitten in einer Nebelwolke.
Keine Sicht ins Tal, extrem hohe Luftfeuchtigkeit.
Unsere große Hoffnung: Auf der Karte haben wir einen kleinen Reiterhof entdeckt. Telefonisch ist dieser nicht zu erreichen. Wir streifen durch tiefe, moosbewachsene Wälder in Richtung des Hofes und es wird immer später.

Wir hoffen so sehr, dass wir hier übernachten können. Das Essen ist aufgebraucht und es regnet, eine Nacht im Freien würde wenig Spaß machen.

Invasion Wanderreiter – eine ältere Dame schaut leicht verdutzt aus der Wäsche, als sie uns plötzlich auf ihrem Hof stehen sieht. Eigentlich lassen wir ihr gar keine andere Möglichkeit, als uns aufzunehmen. Mit tropfenden Ponchos, fünf leeren Mägen und dem Gesicht eines hilfesuchenden Welpen stehen wir auf dem Hof.

Jackpot! Die Pferde dürfen auf die Wiese und als wir nach einer leeren Box zum Übernachten fragen, bietet sie uns ein kleines Gästezimmer an. Während wir uns mit ihr unterhalten, fragen wir nach dem nächsten Supermarkt und ob wir vielleicht hinlaufen können. Sie fängt bei der Frage lauthals an zu lachen. Keine Chance auf einen Supermarkt, wir sind hier im Nichts. Da sie sowieso ihre Tochter in der Stadt abholen muss, könnte sie uns morgen zu einer französischen Bäckerei mitnehmen.

Was sich die Bäckersfrau wohl dachte? Wir halten nun mehrere Brote und süße Stückchen in der Hand und können unseren Einkauf ohne Tasche kaum tragen.
Im Auto müssen wir uns zurückhalten, nicht gleich den Kopf in die Brottüte zu tauchen.

Es ist wahrscheinlich selbsterklärend, was es heute zu essen gab.
Auch stecke ich hier meine persönlichen Empfindlichkeiten zurück, denn ich bin so ein brotreiches Essen nicht gewohnt.

An diesem Punkt ist es wichtig, sich bewusst zu machen, was ich habe. Und NICHT, was ich nicht habe. Wir können immer etwas finden, was uns fehlt. Wir haben dennoch ALLES, was wir brauchen.

Brotmenge morgens
vs.
Das magere Restchen abends

haben unsere Pferde etwa heimlich genascht?!

Resümee: Die ersten Wochen auf Tour

„Als wir mit kaum Essen, im Regen, ohne Gewissheit auf eine Übernachtung, mit drei Pferden in den Bergen standen, wurde uns die wahre Verrücktheit dieser Aktion bewusst."

Bettina

Wahnsinn, was in zwei Wochen alles passieren kann. Es fühlt sich an, als wären wir schon so viel länger unterwegs.
Unsere Tour hat in einem relativ dünn besiedelten und landwirtschaftlichen Gebiet begonnen, am Rande des französischen Juras, durch das Gebiet Franche-Comté (dort gibt es mega leckeren Käse). Landschaftlich war es weniger spektakulär und kaum touristisch, dafür waren die Leute dort unglaublich gastfreundlich. Uns ging es gut, wir wurden oft eingeladen und hatten viel Kontakt zu den Menschen. Wir haben uns recht sicher gefühlt, im Notfall gab es immer Leute, die uns geholfen haben.

Das war in unserem Fall auch gut so, wir hatten sowohl bei den Menschen als auch bei den Pferden einige Startschwierigkeiten in der ersten Woche. Wegen der fehlenden Planung war es körperlich sehr anstrengend, außerdem mussten wir Feenja kurzfristig beschlagen lassen. Ein Teil der Schwierigkeiten hätten wir durch bessere Vorausplanung verhindern können.

Nachdem wir und die Pferde in das Wanderleben hineingefunden haben, kam Level zwei. Wir durchquerten das Gebiet Mille Etangs und kamen von dort aus in die Berge. Hier haben wir Hitze, Bremsen und Steigung kennengelernt. Diese Gegend ist weniger besiedelt und auch von der Navigation schwieriger, aufgrund von verschlungenen und kaum ausgeschilderten Pfaden.
Wir haben ordentlich Respekt bekommen vor den riesigen, naturbelassenen Waldgebieten in Frankreich.

Bei der Planung haben wir geschaut, wo auf der Karte in Google Maps das meiste Grün ist: Wir wollen mit den Pferden ja in die Natur!
Natur ist gut, aber in großen Wäldern trifft man keine Menschen, es gibt keine Dörfer und keine Supermärkte. Wenn es ein Dorf gibt, dann mit wenigen Häusern und ohne Boulangerie (Bäckerei). Wir sind auf uns gestellt.

Die Tage in den Bergen haben uns nochmal ganz anders herausgefordert. Gleichzeitig sind es Bilder und Momente, die für immer bleiben.
Wir leben mit der Natur.

Am Anfang kam es uns recht normal vor, so eine Tour zu unternehmen. Wir haben uns immer gewundert, warum die Franzosen uns „très courageux" (sehr mutig) fanden und es nicht glauben konnten, dass wir erst 19 sind. Doch als wir mit wenig Essen, im Regen, ohne Gewissheit auf eine Übernachtung, mit drei Pferden in den Bergen standen, wurde uns die wahre Verrücktheit dieser Aktion bewusst.
Tatsächlich toppt es alles, was wir bisher zusammen unternommen haben. Und das heißt was!

Wir haben Luft geschnuppert von Abenteuer und Freiheit. Wir werden zu einem richtigen Team. Und sind einfach gespannt, wie es weitergeht!

Im Wald verlaufen und es gibt keinen Handyempfang.

Kommen wir hier wieder raus?

 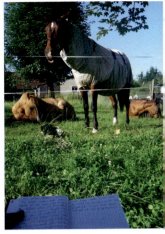

Manchmal wird der Schlaf der Nacht dann doch am Morgen nachgeholt.

Wir kommen an wunderschönen Orten vorbei.

Auch die Pferde genießen die Pause.

Hat da etwa jemand heimlich genascht?

Pausentag und Besuch aus Deutschland

„Das Gefühl von Raum und Zeit haben wir inzwischen verloren."

Tanja

Es schüttet und es ist kalt. Seit zwei Tagen sind meine Wanderschuhe triefend nass und wir sind uns einig, dass wir heute eine Pause gut gebrauchen können. Meine Füße sind Eisklötze!

Es ist schön, sich unter die warme Bettdecke kuscheln zu können. Dennoch lerne ich den harten Boden zu schätzen, denn der Lattenrost ist mehrmals gebrochen und die Matratze sehr weich.
Das Gefühl von Raum und Zeit haben wir inzwischen verloren.
Wir sind glücklich über den Pausentag, denn der Blick nach draußen zeigt strömenden Regen, wie wir ihn bis jetzt noch nicht hatten.
Haben wir etwa einen siebten Sinn? Immer wenn wir es wirklich brauchen, finden wir eine feste Übernachtung. Wir haben wirklich großes Glück, dass wir eine Reiterhof mit einer guten Koppel für die Pferde gefunden haben und hier bleiben dürfen.

Die Dame mit ihren beiden Kindern ist sehr freundlich zu uns, dennoch haben wir den Eindruck, dass sie Gäste nicht gewohnt ist. Eine gewisse Reserviertheit liegt die ganze Zeit in der Luft.

Dabei haben wir ihr die frohe Botschaft noch nicht verkündet:
Sie bekommt noch zwei weitere Gäste und ein Pferd für eine Nacht aus Deutschland zu Besuch.

Auf dem Weg zur Bäckerei versuchen wir, ihr das möglichst schmackhaft zu machen. Wir wissen, dass genügend Platz da ist, aber sie scheint nicht mehr Gäste zu wollen. Wir haben wirklich sehr intensiv nach Alternativställen gesucht, aber wir haben keinen gefunden, wo jemand ans Telefon geht. Irgendwie geht hier nie jemand ans Telefon.

Es gibt also keine andere Möglichkeit.

Weda, Paulina und ihre Andalusierstute Nocha stehen am Abend auf dem Hof.

Wie wir die beiden kennengelernt haben? Eines Tages erreichte uns eine Nachricht über Instagram, ob sie uns ein Stückchen mit Pferd begleiten dürfen. Wir kannten uns davor überhaupt nicht. Doch sie haben einen netten Eindruck gemacht – also warum nicht?

Trotz der anfänglichen Reserviertheit der Hofbesitzerin finden wir eine gute Lösung für Nocha und die Mädels. Wir spannen den Paddock für sie innerhalb der Koppel von unseren Pferden ab, so ist das Platzproblem gelöst. Unsere Pferde sind zwar interessiert, aber reagieren relativ gleichgültig auf die neue Stute. In den letzten Wochen sind wir häufig auf fremde Pferde getroffen und sie haben gelernt, dass es kein Grund zur Aufregung ist.
Dann gibt es Essen aus Deutschland, das ist durchaus eine Abwechslung zu Brot und Wasser. Das erste gemeinsame Abendessen ist wirklich lustig, ein gutes Zeichen für die nächsten gemeinsamen Tage.
Da ihr Fahrer bei uns zu Hause vorbeifährt, nehmen wir das Angebot gerne an, ihm ein paar überflüssige Sachen mitzugeben. Wir fühlen uns schon bedeutend leichter!

Es ist schön, Paulina und Weda jetzt kennenzulernen! Und gleichzeitig etwas seltsam, dass zu unserem inzwischen eingespielten Team noch zwei Menschen und ein Pferd hinzukommen.

Kann das funktionieren, direkt so eng zusammen zu reisen? Finden wir mit so vielen Personen und Pferden überhaupt Übernachtungen?
Wir sind gespannt auf die nächsten Tage.

Ausrüstungsgegenstände, die wir NICHT gebraucht haben!

Viele Ausrüstungsgegenstände standen erst auf unserer Packliste, sind aber entweder am Anfang oder während der Tour radikal raus geflogen.

Tschüss! Das haben wir nicht gebraucht:

- *Kleine Hängematte und Ukulele.* Das wollten wir am Anfang tatsächlich mitnehmen, dafür wäre jedoch kein Platz und keine Zeit gewesen.

- *Unmengen an Ersatzausrüstung.* Ganz ehrlich, wir sind hier ja nicht aus der Welt. Es ist auf jeden Fall gut, ein extra Halfter/Knotenhalfter und einen Strick für zwei Pferde zusammen als Ersatz dabeizuhaben, aber für jedes Pferd die doppelte Zaumzeug-Ausrüstung ist unserer Erfahrung nach nicht nötig. Du kannst immer noch unterwegs Ersatz beschaffen, sollte etwas kaputt gehen.

- *Mehrere Putzbürsten.* Wir hatten für drei Pferde zwei Allzweckbürsten und zwei Hufauskratzer dabei (falls etwas verloren geht). Außerdem eine Mähnenbürste, aber nur für Feenjas Prinzessinnenmähne. Das hat im Sommer vollkommen gereicht. Den Rest haben wir schon beim Anblick unserer begrenzten Transportkapazität aussortiert.

- *Kleines Döschen Lederfett mit Schwämmchen.* Es sei denn du hast vor, ein Jahr auf Tour zu gehen, reicht es völlig das Leder davor und danach zu pflegen. Während der Tour sollte es bei Regen natürlich sofort geschützt werden.

- *Eine Isomatte für jeden.* Wenn man unempfindlich ist, tun es Westernpads und die ausgebreiteten Woilache völlig. Hat man allerdings nur dünnere Satteldecken oder ist bei kühler Witterung unterwegs, sorgt eine Isomatte für guten Schlaf und ist kein überflüssiger Luxus.

- *Ausrüstung für TAUSEND Eventualitäten.* „Das könnte vielleicht passieren, oder das ...". So haben wir erst auch gedacht. Ganz ehrlich, lass es zuhause. Wir hatten erst eine Hufraspel dabei, irre schwer das Ding und wir haben es nie gebraucht. Gerade Pflege/Hufsachen gibt es in vielen Ställen und du kannst dir so viele Dinge unterwegs besorgen, solltest du sie wirklich brauchen.
  Wir sind unterwegs an drei Fliegendecken, ein Nähset, Insektenschutzmittel, ein Handyladekabel, einen Rucksack, Augentropfen für die Pferde und vieles mehr gekommen – es ist uns sogar buchstäblich zugeflogen.

- *Riesige Besteckauswahl, Teller, Becher, ...* brauchst du nicht. Wir hatten am Ende genau einen Topf und eine Schale dabei, dazu Besteck. So hat jeder morgens ein Behältnis für die Haferflocken, Reis o.Ä. einfach nach dem Kochen zwischen Topf und Schale aufteilen, oder alle essen aus dem Topf (spart Spülaufwand). Beides lässt sich alternativ auch als Trinkgefäß verwenden, aber getrunken wird meistens direkt aus der Flasche. Teller und Becher kannst du also getrost zuhause lassen, außer dir ist das wirklich wichtig.

Ein Erlebnis, das wir nicht mehr vergessen werden

„Was ich in Frankreich durch Begegnungen wie diese gelernt haben: Man muss sich trauen, auf die Leute zuzugehen. Oft verbirgt sich hinter ihnen viel mehr, als es auf den ersten Blick scheint."

Bettina

Vier Mädels und vier Pferde machen sich auf den Weg. Der Weg führt ins Tal, wir sehen unsere mühsam erkämpften Höhenmeter schwinden. Außer der Straße und dem Wald ist hier nicht viel. Mit unserer neuen Gesellschaft haben wir jedoch eine Menge Gesprächsstoff. Die beiden sind richtig cool drauf, inklusive Pferd! Nach acht Kilometern erreichen wir Remiremont, eine größere Stadt. Nun sind wir essenstechnisch auch wieder voll ausgerüstet.

Wir befinden uns nun im Tal zwischen bewaldeten Bergen. Durch das Tal mit seinen industriellen Siedlungen führen schnelle Straßen, die Berge selbst sind bedeckt von Wald und kaum bewohnt. Nicht die optimalen Bedingungen zum Wandern mit Pferden. Wie sind wir hier schon wieder hingekommen? Vielleicht hätten wir die Route doch besser planen sollen.

Inzwischen ist es später Nachmittag. Hier unten werden wir nur schwer etwas zum Übernachten finden. Wir beschließen, unser Glück doch etwas weiter oben zu versuchen.
Wir folgen einer kleinen Straße am Stadtrand in die Höhe. Immer mal wieder treffen wir auf ein Haus am Wegrand, doch nirgendwo eine einzige Wiese. Überall Wald. Obwohl es immer später wird, geben wir die Hoffnung nicht auf. Wir haben bis jetzt immer etwas gefunden und vertrauen auch jetzt wieder auf unser Glück.
Ich habe einen so guten Internet-Empfang, dass ich auf Google Maps nach Wiesen Ausschau halten kann.

Wir folgen der heißesten Spur, doch eine Wiese nach der anderen ist bereits mit Zäunen und Kühen oder Eseln belegt. Diese sehen nicht so aus, als wollen sie unsere Freunde werden.
Auf einer Koppel kommt uns ein traumhaft schöner Apfelschimmel entgegen. Einfach WOW! Wir halten an und bewundern dieses schöne Tier. Er kommt zum Zaun, zu nah.

Seine Brust drückt gegen den Stromzaun, doch er weicht nicht zurück. Es scheint kein Spannung auf dem Zaun zu sein.
Wir können die Energie des Pferdes spüren, seinen starken Willen, zu unseren Pferden zu gelangen. Wir stehen wenige Meter entfernt. Ein Schreck durchfährt uns – es ist ein Araberhengst!

Immer wieder läuft er gegen den niedrigen Zaun. Während wir unsere Pferde zur Eile antreiben, treiben wir den Apfelschimmel mit Stöcken vom Zaun zurück. Wir sind zwanzig Meter entfernt, da höre ich hinter mir ein Krachen. Der Hengst ist durch den Zaun und galoppiert auf uns zu.

Das Chaos beginnt.

Vier Mädchen und vier Pferde auf der Straße. Davon sind drei Pferde Stuten. Der Hengst umkreist uns, er ist völlig im Rausch. Immer wieder versucht er, sich unseren Pferden zu nähern. Diese treten und bocken und lassen den Hengst nicht in ihre Nähe. Ich hoffe, dass niemand von uns in dem Gewusel versehentlich getroffen wird.

Ewig werden wir uns den Hengst nicht vom Leib halten können und die Situation ist extrem gefährlich. Seit Minuten stecken wir fest, wie lange können wir uns und die Pferde noch verteidigen? Der Hengst muss irgendwie gefangen werden.
Ich versuche nachzudenken. Wir sind gleich viele Personen wie Pferde. Wir haben kein Seil oder Halfter da, außer wir würden unsere Pferde loslassen. Wir brauchen Hilfe! Ich gebe Don an Weda, renne los zum nächsten Haus und klingele Sturm.

Tanja

Die Aufgaben scheinen sich auf einmal wie von selber aufzuteilen. Ich drücke Paulina mein Pferd Estella in die Hand und packe das Problem an der Wurzel.

Der Hengst muss von unseren Stuten weg und eingefangen werden, sonst kann noch etwas ernsthaftes passieren. Vorerst treibe ich mit einem langen Stock das instinktgetriebene Tier von den Pferden weg. Er rennt die Straße zurück, kommt im brausenden Galopp wieder angeschossen. Wir brauchen ein Seil. Paulina schmeißt mir eine Longe zu, die sie irgendwo hergezaubert hat. Damit will ich den Hengst von den anderen trennen.

Bettina

„Il y a un étalon en liberté sur la rue. Il attaque nos chevaux et c'est très dangereux! On a besoin d'aide! Connaissez-vous le propriétaire de l'etalon?!"
„Non, on ne le connaît pas. Au revoir."

„Es ist ein Hengst frei auf der Straße, er attackiert unsere Pferde. Es ist sehr gefährlich, wir brauchen Hilfe! Kennen Sie den Besitzer des Pferdes?"
„Nein, ich kenne ihn nicht. Auf Wiedersehen."

Die Türe geht vor der Nase zu. Ich klingele bei einigen Häusern, doch niemand scheint den Ernst der Lage zu begreifen oder sich verantwortlich zu fühlen.
Verzweifelt renne ich zum nächsten Haus. Paulina und Weda sind mit den Pferden inzwischen die Straße bei der Kreuzung weiter hoch, ich sehe Tanja, wie sie mit einer Longe die Straße absperrt. Sie möchte den Hengst von den anderen Pferden trennen. Ich höre das Dröhnen von schnellen Hufen auf dem Asphalt, wie in einem Film galoppiert der Hengst um die Kurve, auf Tanja und die Longe zu. Alles passiert in Zeitlupe.
Ratsch. Er rennt durch, als wäre da nichts und Tanja reißt es die Longe aus der Hand. Er galoppiert weiter, auf unsere Herde zu.

Tanja

Ich renne hinterher, der Hengst umkreist die Herde. Auf einmal ist er wie erstarrt, wittert.
Ich empfinde einen kurzen Moment der Stille. Die Zeit scheint stehen zu bleiben. Der Hengst steht bebend und schwer atmend vor den Stuten, ich sehe in seinen Augen einen unfassbaren Kampfgeist, aber auch die Sehnsucht nach Freiheit und einer Herde.
Was für ein Pferd ...
Vorsichtig gehe ich zu ihm hin und lege die Longe um seinen Hals.
Ich weiß nicht, was als nächstes kommt. Anmutig läuft er neben mir her.
Ich bin froh, ihn am Seil zu haben und unsere Pferde in Sicherheit zu wissen. Ich bringe ihn zu seinem Besitzer, den Bettina inzwischen ausfindig gemacht hat.
Dieses Pferd werde ich so schnell nicht vergessen.

Ein wunderschönes Tier

Bettina

Während Tanja mit dem Mann den Hengst auf eine andere Koppel bringt, laufe ich zu Paulina und Weda mit den Pferden.
Die beiden Heldinnen haben tatsächlich alle vier Pferde zu zweit gehalten. Estellas Sattel ist bei dieser wilden Aktion gerutscht und hängt unter dem Bauch. Wir satteln neu, sind sehr dankbar, dass alles gut ausgegangen ist. Niemandem ist etwas passiert. Zum Glück haben wir so tolle Pferde, sie haben trotz der Angst noch zugehört.
Wir sind auch stolz auf uns. In einer schwierigen Situation haben wir Stärke bewiesen und gezeigt, dass wir als Team funktionieren.
Wir folgen der Straße weiter nach oben, denn wir trauen uns nicht, unseren eigentlich geplanten Weg an der Koppel fortzusetzen, da wir nicht nochmal so eine Situation herausfordern wollen.

Nach der Aufregung knurrt der Magen umso mehr, doch eine
Übernachtung haben wir immer noch nicht. Wir kommen an einer
perfekten Koppel vorbei – und sie steht leer! Wem sie wohl gehört?
Auf der Straßenseite gegenüber steht ein Haus, komplett eingezäunt mit
hohen Zäunen. Der Vorhof wirkt vernachlässigt, ein Schild warnt vor
Hunden. Aus dem Haus hören wir wildes Bellen.
Okay. Wer fragt?

Paulina und Weda kommen nicht in Frage, sie können wenig
Französisch. Tanja und ich schauen uns an. Was Hofhunde in Frankreich
angeht, haben wir nicht unbedingt die besten Erfahrungen gemacht.
Wir werden das zusammen machen!
Wir öffnen das quietschende Tor und laufen über den Hof zur Tür.
Ich fühle mich unbehaglich, wie ein Eindringling.
Wir klingeln, erstmal passiert nichts. Dann hören wir ein Bellen und ein
Scharren. Jemand weist die Hunde zurecht. Die Tür geht auf, ein älterer
Mann mit Zigarette kommt raus. Wir begrüßen ihn und erzählen ihm
kurz die Sachlage. Er müsse seinen Vater fragen, sagt er.
Daraufhin kommt ein noch älterer Mann zur Tür. Ja, das würde gehen,
sagt er, kein Problem. Wir fragen, was sie für die Übernachtung wollen,
doch sie winken lächelnd ab.

Der Mann zeigt uns die Koppel und Wasser für die Pferde. Wir bedanken
uns herzlich. Was wir in Frankreich durch Begegnungen wie diese
gelernt haben: Man muss sich trauen, auf die Leute zuzugehen. Oft
verbirgt sich hinter ihnen viel mehr, als es auf den ersten Blick scheint.

Die Pferde genießen die große Koppel und haben nur noch das Gras vor
Augen. Wir bauen auf und blicken auf unser gemütliches Lager. Ein Zelt,
ein großer Gepäckhaufen und Tanjas Isomatte. Sie entscheidet sich heute
für die Sicht auf die Sterne und möchte zum ersten Mal draußen
übernachten. Wir essen und feiern den gelungenen gemeinsamen ersten
Tag, sowie die überstandene Gefahr. Es dämmert, wir lachen und
erzählen Geschichten, die Stimmung ist bombig. Das ist Leben.

Unser Lager. Im Hintergrund grasen friedlich die Pferde. Über Nacht haben wir aus Sicherheitsgründen zwischen uns und den Pferden eine Litze gezogen.

Wir kennen uns gerade mal seit 24 Stunden, doch dieser Tag hat uns zusammengeschweißt.

Im Achterteam unterwegs

Bis Chemonville

„Eine Sache haben wir gelernt: Man kann fast überall gut schlafen. Wer Ansprüche stellt, der hat sowieso verloren."

Bettina

Nachdem wir wegen des Hengstes gestern die Straße hoch gewandert sind, geht es jetzt wieder den Berg runter. Irgendwie verrückt, dass wir nur durch diesen Vorfall überhaupt zu unserer perfekten Schlafgelegenheit gefunden haben.
Wir sind alle gespannt wie ein Bogen, als wir erneut an der Koppel des Hengstes vorbei gehen. Immer wieder glaube ich, Hufschläge zu hören. Wir traben unsere Pferde an, um schnell vorbeizukommen. Erst nach einer Weile können wir aufatmen, das war gestern Abenteuer genug.

Im Tal erwartet uns ein weniger schöner Streckenabschnitt. Stundenlang laufen wir neben einer Autobahn, was vom Lärm und der Atmosphäre her unglaublich ermüdend ist. Auch die „Scheißtüte" kommt in zivilisierteren Regionen häufiger zum Einsatz. Gerade wenn die Pferde mitten vor dem Rathaus oder vor dem Dorfbrunnen Äpfel liegen lassen, räumen wir die selbstverständlich weg. Entweder können wir den Haufen an den Rand schieben, oder wir lösen es wie bei einem Hundehaufen mit der Tüte.
Abends finden wir eine traumhafte Stelle neben einem See, wo wir unser Lager aufschlagen. Wir sind inzwischen ein super eingespieltes Team, und es kommt uns gar nicht so vor, als würden wir uns erst seit zwei Tagen kennen.

Auch am nächsten Tag laufen wir direkt an einer großen Straße entlang. So kann das nicht weitergehen. Unsere Pferde sind inzwischen absolut straßensicher, aber dieser Lärm macht uns wirklich fertig.
Spontanes Reisen ist super, aber die schönen Landstriche verpassen? Wir sind in großen, grünen Tälern in einer Gegend, die überhaupt nicht touristisch ist.

Es gibt kaum bis keine ausgeschilderten Wanderwege auf den grünen Hügeln und in den Tälern rauschen die Autobahnen.

In Google Maps finden wir einen Reitstall in der Nähe, wie immer ist per Telefon niemand zu erreichen. Gut, dann stehen wir eben einfach vor der Tür. Das klappt meistens ganz gut.

Als wir ankommen, können wir unseren Augen kaum trauen. Die Reitanlage ist gigantisch, ein perfekter Platz, zwei Hallen. Ein richtiger Kulturschock. Uns juckt es ordentlich in den Fingern, ein bisschen zu trainieren! Wir finden schnell eine zuständige Person und dürfen bleiben.

Tanja

Ich kann das Herunterhandeln einfach nicht lassen, und tatsächlich bekommen wir nach einem netten Gespräch einen mehr als fairen „Wanderreitpreis". Schließlich sind wir die ersten Langzeitwanderer aus Deutschland, die hier Unterschlupf suchen.

Unsere Sachen können wir auf der Tribüne lagern, übernachten können wir auf unseren Planen in der kleinen Reithalle. Diese wirkt nicht so, als ob sie regelmäßig abgemistet werden würde. Aber eine Sache haben wir gelernt: Man kann fast überall gut schlafen. Wer Ansprüche stellt, der hat sowieso verloren.
Das Beste ist die Dusche! Mitsamt Kleidung. Ich glaube ich erwähne lieber gar nicht, wann wir das letzte Mal davor duschen konnten.

Hygiene

Nein, wir hatten kein Handdesinfektionsmittel dabei. Ja, manchmal haben wir auch mit erdigen Händen gegessen.
Das mag sich nun echt „unhygienisch" anhören, doch auf einer Tour durch die Natur mit Pferden lässt sich Dreck nicht vermeiden.

Doch wie schlimm ist das?

Lass uns die Sache mal wissenschaftlich anreißen, keine Panik, ich halte mich kurz:

„Wenn das Immunsystem durch den Mangel an Keimen unterbeschäftigt ist, reduziert sich die Zahl der für die Abwehr von Krankheitserregern zuständigen T-Zellen."
So entwickeln beispielsweise Kinder, die in einer möglichst keimfreien Umgebung aufwachsen und deren Immunsystem in der Folge nur sehr wenige T-Zellen produziert, sehr viel häufiger Allergien als ihre Altersgenossen, die mit mehr Keimen in Berührung kommen."
(Quelle: https://www.wissenschaft.de/umwelt-natur/warum-dreck-gesund-haelt/)

Alles richtig gemacht würde ich sagen. Die gute Nachricht: Dreck unter den Fingernägeln wird zum neuen Schönheitsideal auf der Tour.

Natürlich soll das jetzt nicht heißen, dass man als wandelnde Dreckschleuder herumlaufen sollte.

Wann immer wir die Möglichkeit hatten, haben wir uns und die Klamotten gewaschen. Egal ob im Bach, mit einem Gartenschlauch oder Wassereimer oder die Luxusvariante in einem Bad.
Danach fühlt man sich gleich viel besser.

Wir hatten eine biologisch abbaubare Seife dabei, die man auch mal in die Natur spülen kann, obwohl wir das nach Möglichkeit trotzdem vermieden haben.
Wie oft es möglich ist zu duschen, die Kleider zu waschen oder das Geschirr anständig zu spülen, hängt einfach von den vorhandenen Möglichkeiten ab.

Tatsächlich fühlt es sich aber draußen in der Natur gar nicht schlimm an, wenn die Hände „pferdig" sind und die Kleider staubig. Wenn der Topf nur mit wenig Wasser und ohne Spülmittel gespült ist. Wenn die Haare ein bisschen zottelig werden und der Hut auf dem Kopf zum Dauerzustand. Zum „Problem" wird das erst, wenn man sich wieder zurück in der Zivilisation und in ein Haus begibt. Aber dort gibt es ja wieder die Möglichkeit zu duschen.

Du wirst dir diese Art von Dreckempfinden und Sauberkeit vielleicht nicht vorstellen können, doch glaub mir, das passiert auf einer längeren Tour automatisch.

Zum Thema Kleider waschen:

Folgende Frage wurde uns zugesandt: „Wie habt ihr das mit den sauberen Kleidern gemacht? Kommt die Mama alle drei Tage vorbei, bringt saubere Kleidung und nimmt die Schmutzwäsche mit?"

Irgendwie fand ich das eine extrem witzige Vorstellung.

So ist es natürlich nicht. Unterwegs sind wir immer wieder auf Bäche, Brunnen, Waschbecken und ähnliches gestoßen. Darin werden die Kleider mit der Hand gewaschen und mehr oder weniger sauber.

Manchmal war es jedoch so kalt oder es hat geregnet, da konnten wir die Kleider, obwohl sie es nötig hatten, nicht waschen. Wir mussten sie alle übereinander ziehen, außerdem wären sie sowieso nicht getrocknet.

Hygiene

Zur Info: In den Kommentaren und Fragen zum Buch wurde explizit gewünscht, dass wir auf das Thema Hygiene mit all seinen Facetten ausführlich eingehen. Wie es jemand unterwegs letztendlich umsetzt, hängt von den eigenen Standards ab.

Back to the roots, würde ich mal sagen.

Da wir mit und in der Natur unterwegs sind, möchten wir keine Abfälle in der Natur hinterlassen. Wer auf Klopapier nicht verzichten möchte, kann auch eine Tüte mitnehmen.
Ansonsten gibt es nachwachsende, biologisch abbaubare Blätter an Büschen und Bäumen.

Natürlich gibt es auch noch andere, berechtigte Fragen.

Manchmal hätte man für ein paar Tage doch lieber ein Badezimmer. Es lassen sich gerade auf einer spontanen Tour unterwegs (fast immer) Pausentage einlegen. Man kann sich auch für einige Tage gezielt näher bei der Zivilisation aufhalten und nach Übernachtungen mit Badezimmer suchen. Einfach etwas vorausplanen.

Zähneputzen ohne Wasser?

Wie geht das ? Ganz einfach: Die Zahnbürste nehmen und dazu sehr wenig Zahnpasta, nach dem Zähneputzen einfach in den nächsten Busch spucken. Darum auch möglichst wenig Zahnpasta benutzen, damit das nicht alles in die Natur geht. Wer möchte, kann auch noch mit einem Schluck Wasser nachspülen.

Tatsächlich geht Zähneputzen auch mal problemlos ohne Waschbecken.

Schminke, Kontaktlinsen und Co?

Diese Kosmetikartikel sind bei einer Tour ohne Badezimmer fehl am Platz. Das interessiert auch unterwegs keinen, ob man jetzt mit Brille und langweiliger Frisur rumläuft.

Wie sieht es mit diversen Hand- und Gesichtscremes aus?
Was du nicht unbedingt brauchst, kann zuhause bleiben. Auch ich benutze Zuhause mal eine Creme für die Haut, aber meine Haut hat keinesfalls darunter gelitten, dass ich zwei Monate keine benutzt habe.

Fazit: Zugegeben sollte man schon etwas robust sein, und auch mal ein paar Tage ohne Badezimmer auskommen. Natürlich würde man manchmal nach einem heißen Tag am liebsten unter die Dusche springen, es gibt aber keine.
Man gewöhnt sich daran. Das gehört zum Wanderleben auch mit dazu!

Training der Jungspunde

Pausentag Chémonville

„Nichts ist mehr selbstverständlich. Mir gefällt dieser Gedanke."

Tanja

Pausentag ist nicht gleich Pausentag. Es ist lediglich ein Tag mit „Wanderdiät".
Wir nähen Fliegenmasken und die zerfledderte Ekzemerdecke auf der Reithallentribüne, währenddessen läuft Musik. Es ist eine richtig lustige Runde. Meine Grundschullehrerin wäre wahrscheinlich enttäuscht von meinen Fähigkeiten, aber für die Ausrüstung reicht es. Ich habe doch noch das versteckte Nähtalent in mir gefunden.

Es ist ziemlich cool hier, einzig das Chaos ist wirklich anstrengend. Normalerweise haben wir unseren Gepäckhaufen gut unter Kontrolle. Doch hier haben wir einen begrenzten Platz auf der Tribüne zur Verfügung gestellt bekommen, es ist kaum möglich das Gepäck von vier Menschen und vier Pferden sauber zu trennen. Der halbe Tag geht fürs Suchen von Gegenständen drauf. Aber wir haben schon schwierigere Herausforderungen gemeistert.

Dafür machen die Pferde einfach Spaß!
Mit Estella mache ich leichte, gymnastizierende Arbeit an der Hand. Ich merke, wie sie an der Hinterhand deutlich aufgebaut hat, allerdings am Hals abgebaut hat. Vom Futter her ist sie gut in Form, beim Losgehen hatte sie einen leichten Grasbauch und jetzt hat sie eine sportliche Figur. Ihr Rücken sieht gut aus, was für unsere Packkünste spricht.

Feenja habe ich in unserer „Schlafhalle" frei geritten und mit den Hilfen von oben noch vertrauter gemacht. Ich merke, dass sie von der Anatomie her eines der schwierigsten Pferde ist, welches ich je ausgebildet habe.

Ihr fällt es sehr schwer, in einer gesunden Haltung zu gehen.
Insgesamt ist es etwas Besonderes, mit ihr zu arbeiten: Vor allem mit dem Gedanken, dass sie für sehr lange Zeit ein Wildpferd war und immer noch ist.

Wir können es alle gar nicht wirklich glauben, zuhause immer solche Trainingsmöglichkeiten zur Verfügung zu haben.
Nichts ist mehr selbstverständlich. Mir gefällt dieser Gedanke.

Bettina

Auf ans Training. Bevor wir länger im Gelände reiten, ist es kein Fehler, die Lenkung nochmal zu verbessern. Don hat den Reiter gut akzeptiert, trotzdem ist das Aufsteigen jedes Mal ein besonderes Ereignis.
Ich galoppiere das erste Mal mit ihm unter dem Reiter! Er ist so brav, ein wahrer Traum.
Auch Paulina strahlt, als sie das erste Mal auf ihrer jungen Stute Nocha trabt. Gemeinsam auf Tour zu sein schweißt unglaublich zusammen.
Es sind in kürzester Zeit Dinge möglich, die man sich zu Hause lange nicht getraut hätte.

Die Betreiber des Reitstalls helfen uns noch bei der weiteren Streckenfindung. Wir beschließen, wieder in einer flacheren Gegend zu laufen, weg von den Straßen. Die Etappen der nächsten Tage führen zu einem See, welcher sehr schön sein soll. Es spornt uns an, ein Ziel vor Augen zu haben.

Große Nähparty.

NAVIGATION

Wie finde ich unterwegs den Weg?

Wir haben uns vor dem Wanderritt pflichtbewusst eine Menge Navigationsapps und eine Offline Karte runtergeladen. Außerdem haben wir uns eine 1:25 000 (also eine sehr genaue) Wander- und Radkarte gekauft.

Letztendlich haben wir die Karte anfangs nicht kapiert und sind bei einer App hängen geblieben: Google Maps.

Google Maps lädt auch bei wenig Internet und speichert den gewählten Kartenausschnitt offline, den Standort zu finden ist zwischenzeitlich ohne Internet möglich. Außerdem lassen sich dort Supermärkte, Apotheken, Reitställe und Co finden. Mit der Geländekarte haben wir uns auch in den Bergen gut zurechtgefunden und konnten unsere Wege auch nach den Höhenmetern planen.

Der einzige Nachteil: Wanderwege sind kaum eingezeichnet, beziehungsweise nicht immer korrekt. Mit Google Maps haben wir uns mehrmals im Wald verlaufen.

Andere Apps fürs Handy:
Outdooractive: Diese App haben wir manchmal genutzt. Wanderwege sind eingezeichnet, die Routenplanung ist auch für Reiter möglich. Bei gutem Internet hat Outdooractive super funktioniert, meistens war jedoch das Netz zu schlecht, um die Karte überhaupt zu laden. Möchte man die Karte offline benutzen, besteht die Möglichkeit verschiedene Regionen gegen etwas Geld herunterzuladen.

Manche nutzen auch die Apps **Here** und **Komoot**. Das sind jedoch nur Beispiele. Es gibt noch eine ganze Menge anderer Wanderapps und Offline-Karten.

Wir haben zu 95% Google Maps genutzt. Bei allen Apps empfiehlt sich, sie bereits im Voraus zuhause zu testen und zu schauen, was funktioniert und womit man persönlich gut klarkommt.

Unterwegs mit Karte:

Muss ich perfekt Kartenlesen können? Definitiv nein. Ein grundlegendes Orientierungsvermögen schadet dabei jedoch nicht.

Wir haben die genauen Wanderkarten 1:25 000 besonders in den Wanderregionen zu schätzen gelernt.

Der Nachteil daran ist, dass man sehr schnell durch das gesamte Kartengebiet durchgelaufen ist. Wir haben eine 1:25 000 IGN Wanderkarte aus Frankreich in drei Tagen durchquert. Diese Karten haben um die 11 Euro gekostet, würde man ständig eine neue Karte kaufen, würde das ordentlich auf den Geldbeutel gehen.

Wo brauche ich eine Karte?

Feldwege und Straßen findet auch Google Maps. Wirklich gelohnt haben sich die Karten in landschaftlich schönen Gebieten. Dort gibt es auch häufig ein gut ausgeschildertes Wanderwege-Netzwerk. Die Wege in den Vogesen waren mit bunten Symbolen gekennzeichnet, die sich auf der Wanderkarte wiedergefunden haben. So konnten wir immer den Symbolen folgen – das hat total Spaß gemacht!

NAVIGATION

Welche Wege kann ich gehen?

Du solltest darauf achten, ob du die Wege mit Pferd auch passieren kannst. Bei einem schmalen Wanderweg kann jederzeit eine enge Treppe oder eine gefährliche Brücke auf dem Weg auftauchen. Aus diesem Grund haben wir häufig entgegenkommende Wanderer gefragt, ob der Weg mit Pferden passierbar ist. Im Zweifelsfall haben wir uns lieber für den breiten Weg entschieden.

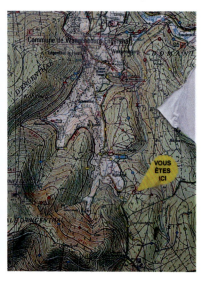

Wichtig ist, die Wege nur so weit zu gehen, dass man jederzeit noch umdrehen kann.
Wir haben im Laufe der Zeit gelernt, was wir unseren Pferden an Steigung, Überquerungen und Trittsicherheit zutrauen können.

Das Höhenprofil des Weges sollte immer mit in Betracht gezogen werden: Schmale Pfade mit vielen Höhenmetern sind oft anspruchsvoll.
Auf den guten Wanderkarten ist zu erkennen, ob es sich um eine Straße, einen breiten Waldweg oder einen Pfad handelt.
So kann man die Route vorher planen.

Kartenlesen für Anfänger: Auch wir als Nicht-Profis haben es geschafft! Wichtig bei Waldwegen und Wanderkarte ist **immer die Strecke mitzuverfolgen**. Also nicht die Karte für eine halbe Stunde wegpacken und fröhlich drauf loslaufen.

Die Karte *immer greifbar haben* und *scharfe Kurven und jede Kreuzung auf der Karte mitverfolgen*. So weißt du immer, wo du gerade bist und ob der Weg noch stimmt.

Kompass und GPS Gerät?

Wir sind ohne ausgekommen, aber wer damit
Erfahrung hat und es gerne nutzt:
Es ist auf jeden Fall eine Überlegung wert.

Wie komme ich kostenlos an gute Karten?

Mit unserer ersten geschenkten Wanderkarte sind wir
der Kartenliebe verfallen. Es ist schöner, als ständig
aufs Handy zu schauen und bietet für einige Gebiete
deutliche Vorteile. Es empfiehlt sich auf jeden Fall,
die Gastgeber in die Routenplanung mit einzubeziehen.
Häufig kennen sie schöne Routen in der Umgebung.

Wir haben öfters Kopien der lokalen Karten von unseren Gastgebern
bekommen. Manchmal haben wir ihre Karten auch mit dem Handy
abfotografiert.

In Frankreich gab es auf den Wanderparkplätzen oft Ausschnitte von der
guten 1:25 000 Karte, davon haben wir einfach ein Foto gemacht und
uns kartentechnisch von Parkplatz zu Parkplatz gehangelt.
So waren wir wochenlang mit guten Karten unterwegs, ohne einen Cent
dafür auszugeben.

Welchen Weg sollen wir gehen?
Spannende Entscheidung.

Werde ich krank?
Chémonville – Vaudeville

„Gegen Abend sind wir wieder auf der Suche nach einer Übernachtung und ich merke, dass ich so langsam an meine Grenzen komme."

Tanja

Wir sind absolut stolz auf unsere heute erreichte „Losgehzeit".
Es ist 10.58 Uhr, das ist noch vor elf!
Wir bemerken, wie schnell sich die Landschaft verändern kann.
Manchmal braucht es nur wenige Stunden oder wenige Tagesetappen, dass sich die Umgebung um uns herum total verändert.

Wir laufen durch eine vom Menschen geprägte Landschaft, mit vielen Getreidefeldern, Maisanbau und Rinderweiden.
Fahren wir mit dem Auto, so rauscht alles an uns vorbei und wir bekommen diese Veränderungen gar nicht mit. In unserem Tempo bleibt uns viel Zeit, alles genau zu betrachten und intensiv wahrzunehmen.

Auch wenn ich es nicht wahrhaben möchte, bemerke ich ein Pochen in meinen Schläfen. Die Geräusche der Pferde werden durch mein Husten regelmäßig unterbrochen und ich muss zugeben, dass ich mich nicht ganz fit fühle.
Ich setze einen Fuß nach dem anderen auf den Boden und blende den Rest aus. Auch wenn ich eher unempfindlich bin, hat die extrem kalte Nacht auf dem Berg vor einigen Tagen mir etwas zugesetzt.
Trotzdem möchte ich vorankommen und nicht deswegen einen Pausentag einlegen.

Gegen Abend sind wir wieder auf der Suche nach einer Übernachtung und ich merke, dass ich so langsam an meine Grenzen komme.
Ich fühle mich, als bestände meine Kleidung aus einem Kühlpack, mir ist seltsam kalt.

Zuhause würde ich mich nun vor den warmen Ofen setzen und einen warmen Tee trinken. Vielleicht würde noch jemand ein Wort des Bedauerns aussprechen und ich würde still vor mich hin vegetieren. Doch das habe ich absolut nicht vor.
Hier heißt es: Weitermachen, Unterschlupf suchen und sich um die Pferde kümmern.

Wir kommen an einem Haus mit anliegender großer Wiese vorbei und versuchen unser „Klingelglück". Diesen Part habe ich heute an Bettina abgegeben, um die Erfolgschance zu erhöhen. Mit Zittern und Augenringen ist der Ersteindruck nicht optimal.
Schon ein paar Minuten später bauen wir unser Lager auf und versorgen die Pferde. Hier fahre ich einen Gang zurück und koche währenddessen unsere warme Mahlzeit.
Die Tochter der netten Familie bringt uns frisches Wasser und darf eine Runde Pferde streicheln.

Fast hätte es ein warmes Feuer gegeben, denn wir haben die geistreiche Idee den Aufsatz von Paulinas Bunsenbrenner auf unsere Gasflasche zu schrauben. Diese passen optisch zusammen, sind aber von verschiedenen Marken. Das komplette Set fängt an zu brennen. Schnell ziehen wir alle brennbaren Materialien außer Reichweite, hoffentlich explodiert das Ganze jetzt nicht.

Mit der Hand ist es nicht möglich, das Gas auszudrehen, denn der Gashahn steht mit in Flammen. Zum Glück kann Bettina den brennenden Bunsenbrenner mit dem darauf gestülpten Topf stabilisieren und den Gashahn mit einem Zelt-Hering zudrehen. Das Feuer geht aus und wir erholen uns langsam von dem Schock.
Ich weiß nicht, ob ich mich über das geschmorte Loch in meiner Jacke als Souvenir freuen soll oder nicht. Es ist nun sowieso schon drinnen.

Übrigens: Zum Abendessen gibt es heute Dinkelnudeln. Da wir Gas sparen müssen, kochen wir diese mit etwas mehr Wasser, sodass ich das Nudelwasser als heißen Tee trinken kann. Das würde ich zu Hause höchstwahrscheinlich nicht machen, hier wirkt es jedoch Wunder.
Schnell fühle ich die Wärme von innen.

BEGEGNUNGEN VERÄNDERN
VAUDEVILLE - BRÛ

„Er hat seine Großzügigkeit nicht in Frage gestellt und den Pferden eine große Wanne Wasser und Heu bereitgestellt. Er scheint sich sehr zu freuen, Gäste zu haben"

Tanja

Morgens fühle ich mich gerädert, als hätte ich in der Nacht kein Auge zu gemacht. Habe ich wahrscheinlich auch nicht.
Leichtes Fieber, Husten und eine verstopfte Nase. Der Familienvater bringt uns eine Runde Tee, super nett!

Wir machen uns weiter auf den Weg. Theoretisch kann ich mich auf Estella setzen, jedoch möchte ich es ihr nicht antun, auch noch ihren Rücken zu belasten.

Landschaftlich ändert sich heute nicht viel, wir sind jedoch froh, weg von den Straßen zu sein und über landwirtschaftlich genutzte Wege zu laufen.
Nach circa zehn Kilometern kommen wir in ein Dorf, wo wir einen Bauern nach etwas Wasser für die Pferde fragen. Dieser hat einen schwer verstehbaren Dialekt. Wir deuten, dass er uns nicht nur etwas zu trinken anbietet, sondern uns und unsere Pferde eine Nacht auf seiner Wiese aufnehmen würde. Und das, obwohl wir nicht einmal danach gefragt haben!
Zwar sind wir noch weit entfernt von der Distanz eines Halbmarathons, aber insgesamt ist es in dieser Gegend nicht ganz einfach, etwas Passendes zu finden (und ganz zu schweigen von meiner körperlichen Verfassung).

Wir nehmen das Angebot an, auch wenn uns der Bauer vorerst etwas seltsam vorkommt. Nach einer längeren Unterhaltung merken wir, was für ein netter Mensch er ist.
Er beweist seine Großzügigkeit und stellt den Pferden eine große Wanne Wasser und Heu bereit. Er scheint sich sehr zu freuen, Gäste zu haben.

Er selber hat einen Bio–Rinderbetrieb. Die Kühe wachsen hier auf großen Wiesen in ihrer Herde auf, bis sie dann für den Verbraucher geschlachtet werden. Würde ich Fleisch essen, dann würde ich diesen Bauern mit dem Kauf seiner Produkte unterstützen.
Abends kommt er nochmal mit dem Fahrrad vorbei, fragt ob alles okay ist und ob wir noch etwas brauchen.

Beim Abendessen werden wir plötzlich von einem goldenen Lichtstrahl getroffen. Die Sonne ist kurz vor dem Untergehen und wir haben alle denselben Gedanken. Diese besondere Lichtstimmung wollen wir mit einem Foto einfangen! Die anderen Pferde hätten uns für verrückt erklärt, Feenja ist in der Hinsicht etwas anders. Es ist kein Problem, sie abends alleine herauszuholen, sie ist total motiviert und weicht mir nicht von der Seite. Auch ich fühle mich auf einen Schlag wieder fit.

Ich spüre so langsam, wie ich immer mehr an sie herankomme. Nie habe ich ihr Vertrauen missbraucht und auch ich kann mich auf sie verlassen. Sie hat einen ganz besonderen, sanften Charakter und wir sind so froh, dass wir sie dabei haben. Während uns die anderen Pferde mit ihrem ständigen Gezappel regelmäßig an unsere Grenzen bringen, ist Feenja in der Lage, den ganzen Tag mit gleichmäßigem Tempo zu gehen und in den Pausen wartet sie geduldig. Sie ist ein wahrer Engel!
Zusammen galoppieren wir frei einen Feldweg hoch, auf leises Pfeifen hält sie an.

Wir stehen auf einer erhöhten Wiese und betrachten, wie die Sonne hinter dem Horizont verschwindet. Wir sind einfach nur glücklich und dankbar für diese schönen Momente.

Sind wir Holländer?
Brû – Raon-l'Étape

"Wo wir wohl heute Nacht landen werden?

Gut, dass wir nicht in die Zukunft sehen können, denn diese Art von Ungewissheit macht den Tag super spannend!"

Tanja

Nach einer ruhigen Nacht beim Kuhbauern tätigen wir den obligatorischen Einkauf und werden abends von einem kleinen Jungen zu einem Bauernhof geführt.
Auf unserem Weg wurden wir nicht nur einmal gefragt, ob wir Holländer seien. Hä?! Sehen wir etwa aus wie Holländer?
(PS: Die Niederlande ist ein tolles Land, wir haben uns nur gefragt, wie die Leute darauf kommen.)

Würden sie den Blick nach unten auf die Füße werfen, würden sie sich diese Aussage möglicherweise überlegen. Ich trage inzwischen meine Socken in den Sandalen, abgesehen vom Style ist diese Kombination sehr praktisch. Nach den ganzen Regentagen sind meine Wanderschuhe steif und ungemütlich. Wie wir auf andere wirken, ist uns sowieso relativ egal.

Die Leute, mit welchen wir reden, können es kaum glauben, dass wir hier durch die Landstriche ziehen. Zugegebenermaßen fällt es uns auch schwer, uns im Moment einen normalen Montagmorgen bei der Arbeit vorzustellen. Dieses Leben scheint so fern. Für uns ist jeder Tag ein wunderbares Abenteuer ins Ungewisse, auch wenn man die Anstrengung von Packen, Laufen und die Verantwortung nicht unterschätzen darf.

Nach einer erholsamen Nacht und sternenklarem Himmel, packen wir schnell ein und ziehen weiter. Es geht über schmale Brücken, durch kleinere Städte und durch Waldabschnitte. Ich freue mich, dass die Temperaturen sommerlich werden und fühle mich wieder fit.
Wo wir wohl heute Nacht landen werden?

Gut, dass wir nicht in die Zukunft sehen können, denn diese Art von Ungewissheit macht den Tag super spannend!
Wir sind nun fast vier Wochen unterwegs, das Wanderleben fühlt sich schon so normal an.

Unsere nächste Etappe heißt Raon-l'Étape. Aufgrund der fehlenden Karte wollen wir uns gerade für den Straßenweg entscheiden, da kommt ein freundlicher Forstarbeiter entlanggefahren. Dieser weist uns den Weg und wartet mehrere Kilometer weiter an der nächsten Kreuzung.

Er möchte uns den Waldweg nach Raon-l'Étape zeigen und ich fahre mit ihm im Auto mit. Wir halten ein nettes, französisches Schwätzchen und ich frage ihn, was ihn dazu gebracht hat, hier Forstarbeiter zu werden.
„Parce que, j´adore la nature, le forêt et les animaux!" Er liebt die Natur, den Wald und die Tiere!
Wenn das kein schöner Grund für die Berufswahl ist.

Zugegeben sieht jede Kreuzung vom Auto aus gleich aus, alles zieht schnell an mir vorbei. Ich bin tief in das Gespräch vertieft und bekomme nur die Hälfte von der Strecke mit. Ob wir diesem Weg nachher folgen können?
Als wir wieder bei der Gruppe sind, gibt er uns mit den Worten „bon courage" (Viel Erfolg) eine gekühlte Tafel Bioschokolade. Was für eine liebe Geste!

Nach mehreren Stunden wandern und immer wieder Verlaufen sowie einer netten Mittagspause, kommen wir in Raon-l'Étape an und sehen schon an der Hofeinfahrt des ersten Hauses eine Frau stehen.
Bevor wir nur ein Wort sagen, lädt sie uns zu sich ein. Verrückt.
Für die Pferde eine Box, für uns ein eigenes Häuschen. Wir freuen uns wie kleine Kinder.
Bei einem Wasser mit dem typisch französischen Zitronensirup lernen wir Lucie und Bertraud besser kennen. Die beiden sind leidenschaftliche Kutschfahrer und machen freizeitmäßig den einen oder anderen Distanzritt.
Zur Feier des Tages kochen wir uns ein drei Gänge Menü am Herd, essen nicht mit dem Löffel direkt aus dem Topf, sondern zivilisiert vom Teller. Erstaunlich, dass wir das noch nicht verlernt haben!

Pause und Erholung

Raon-l'Étape

„Kein Nehmen ohne Geben."

Tanja

Wir entschließen uns, hier einen Pausentag einzulegen, und bieten unsere Hilfe auf dem Hof an.
Es ist so wichtig, nicht nur zu nehmen, sondern auch etwas zurückzugeben. So bleibt es in Balance.

Auch wenn sie es nicht erwartet hätten, freuen sie sich sichtlich über das Angebot. Es passt auch super rein, da sie heute die Heuballen von der Wiese holen möchten. Wir fahren mit ihnen auf mehrere Wiesen und laden hunderte kleine Heuballen auf den Transporter. Sie sorgen dafür, dass wir nicht nur unsere Beine trainieren, sondern auch mal wieder unsere Arme kräftig einsetzen.

Kein Nehmen ohne Geben.

Die Arbeit macht uns Spaß und zusammen blicken wir stolz und müde auf das Endergebnis: Mehrere hundert Kleinballen Heu sind nun in der Scheune gestapelt.

Abends essen wir zusammen und gehen den weiteren Streckenverlauf durch. Auch sie können es kaum fassen, dass wir keine Wanderkarte haben.
Ich würde auch gerne unabhängig vom Handy diese schöne Landschaft erkunden und kann unser Glück kaum fassen, als sie uns eine große Wanderkarte schenken. Ein richtige, bunte Wanderkarte, keine Kopie.

Zusammen zeichnen wir die nächsten Etappen ein und sind äußerst gespannt, ob wir das hinbekommen. Sie erklären uns, wie man die Karte am besten liest. Dieses mal bin ich zuversichtlich und freue mich darauf.

Ich bin stolz auf Don!
Raon-l'Étape - Celles-sur-plaine

„Ich bin extrem beeindruckt, was die Pferde innerhalb so einer kurzen Zeit für Fortschritte gemacht haben."

Bettina

Um 7.15 Uhr klingelt der Wecker, oh ich werde dieses Bett in dem gemütlichen Häuschen vermissen. Heute kommen wir in den ganz besonderen Genuss eines Guides und eines Gepäcktransfers. Unsere Gastgeberin Lucie und ein erfahrener Wanderreiter werden uns bis zu einem See begleiten, sie kennen eine schöne Strecke von ungefähr 25 Kilometern dorthin.

Schon auf den ersten 500 Metern wird uns klar, dass wir bei diesem Tempo nicht mithalten können. Wir laufen, sie reiten. Ihre Pferde sind größer, haben mehr Raumgriff und sind beschlagen. Mit unseren Barhufern hangeln wir uns von Grasstreifen zu Grasstreifen.

Die Wege sind traumhaft. Immer wieder steigen wir auf und reiten eine Weile. Don und Feenja laufen ganz natürlich mit der Gruppe mit, sodass wir uns sogar an einen Galopp mit der ganzen Gruppe wagen. Was für ein tolles Gefühl. Es geht leicht bergauf und ich merke, wie es Don zu anstrengend wird. Nur mit Stimme und Gewicht halte ich ihn an, während der Rest der Gruppe weitergaloppiert. Dass die anderen inzwischen um die Kurve sind, stört Don überhaupt nicht. Wow!

Ich bin extrem beeindruckt, was die Pferde innerhalb einer so kurzen Zeit für Fortschritte gemacht haben. Don und Feenja lassen sich auf seitlich begrenzten Waldwegen in allen Gangarten sicher reiten. Auch Estella hat sich an das Wanderleben gewöhnt und ist viel trittsicherer geworden.
Don ist weitgehend anbindesicher geworden und viel ruhiger, ich kann ihn jetzt viel besser einschätzen. Einzig das Satteln hat sich deutlich verschlechtert. Er hat eine ziemliche Abneigung gegen den Woilach entwickelt und lässt ihn sich nur ungern auf den Rücken legen.

Sattel und Pad sind besser, die Packtaschen sind überhaupt kein Problem. Das werden wir danach nochmal ganz in Ruhe erarbeiten.
Auch wenn das Unterwegssein extrem viel bringt, schleichen sich Probleme ein. Bei Don ist es das Satteln, bei Feenja das Anbinden. Estella kratzt sich mehr, als wenn sie zur Mückenzeit im Stall steht. Es gibt eben nicht wie zu Hause die Möglichkeit, alles langsam in Ruhe zu üben.

Trotzdem sind wir insgesamt sehr zufrieden mit unseren Pferden und merken, wie die Beziehung und das gemeinsame Vertrauen extrem gewachsen sind.

Wir machen Mittagspause an einem wunderschönen See und führen eine lustige, französische Konversation. Unsere Begleiter erzählen uns etwas über den Ursprung dieses Stausees, tief auf dem Grund müssten auch noch einige verfallene Häuser sein. Wir laufen weiter über die Staumauer, mit Blick ins Tal.

Wir zelten in der Nähe eines kleinen Sees. Lucie meint, wenn jemand fragt warum wir hier übernachten, sollen wir diese an sie weiterleiten. Sie organisiert hier regelmäßig Pferde-Festivals und sie sagt einfach, wir gehören dazu.

Ein witziger Fakt am Rande: Unsere Rittführer haben gemeint, sie waren mit uns halb so schnell wie sonst. Statt 3 Stunden haben wir 6 Stunden gebraucht. Wir waren heute mit ihnen doppelt so schnell unterwegs. Das heißt im Klartext, dass wir sonst viermal so langsam sind, wie unsere Rittführer. Hahaha.

Wir verabschieden uns ein wenig wehmütig von unserer Gastfamilie. Sie ist uns in den letzten zwei Tagen ganz schön ans Herz gewachsen. Auch von Paulina, Weda und ihrer Stute Nocha heißt es morgen Abschied nehmen. Es war eine wunderschöne Zeit, wir hatten eine Menge Spaß und haben drei tolle neue Freunde kennengelernt. Beim letzten gemeinsamen Abendessen haben wir nochmal viel zu lachen.

Jeder startet jetzt auf sein eigenes Abenteuer.

Wir hatten einfach eine geniale Zeit zusammen!

DANKE Paulina, Weda und Nocha.

Das Beste kommt zum Schluss:
Socken in den Sandalen.
Irgendwann war alles egal.
Hauptsache bequem.

Auf dem Kopf des Hahnes

Celles-sur-plaines – La tête du Coquin

„Jede einzelne Entscheidung, die wir getroffen haben, hat uns hierher geführt. Jede Begegnung hat dazu beigetragen, dass wir genau hier oben gelandet sind."

Tanja

Es ist ein komisches Gefühl, nun wieder in unserem kleinen Team loszuziehen. Doch es gibt uns auch Freiheit und Unabhängigkeit. Zu viert fühlt sich alles nochmal sicherer an, die Verantwortung teilt sich durch mehrere Menschen. Zu zweit ähnelt es eher einem Survivaltrip.

Wir verabschieden uns dankbar von Paulina und Weda, für all die wunderschönen gemeinsamen Erlebnisse. Diese verbinden uns auf eine Weise, die nicht in Worte zu fassen ist. Wir werden uns wiedersehen. Mit unserer Wanderkarte in der Hand ziehen wir los.

Wir haben Essen für mehrere Tage und jetzt geht es in die Natur. Diesmal haben wir vorausgeplant, denn weit und breit wird uns kein Supermarkt oder Dorf erwarten. Wir sind auf uns und die Pferde gestellt. Dieses neu gewonnene Gefühl sagt mir äußerst zu.

Wir folgen dem Fernwanderweg GR53 und freuen uns über jeden richtig gewählten Weg nach einer Kreuzung. Jedes Mal ist es ein kleines Erfolgserlebnis. Ich liebe die Wanderkarte!

Hin und wieder führt uns der Weg auf kleine Pfade, an einer Seite geht es steil bergab. Es geht vorbei an großen Felsen und über kleine Rinnsale. Zum Glück haben wir unsere letzten Gastgeber gefragt, ob diese auch mit Pferden begehbar sind, sonst hätten wir wahrscheinlich größere Wege gewählt.

Don und Feenja meistern die kleinen Geschicklichkeitsübungen sehr gut, Estella fehlt es noch an der Erfahrung.

Bei ihr gibt es keine Rinnsale, sondern nur große reißende Flüsse.
Sie wird zum Flieger und springt in einem großen Bogen rüber. Es sind für Pferde sehr gut machbare Stellen, doch ihre großen Sprünge sind gefährlicher, als wenn sie die Stellen Schritt für Schritt überwinden würde. Wir sind erleichtert, als wir wieder auf einem breiten Weg sind und alles gut gegangen ist.

Am Wegesrand lächeln uns wilde Heidelbeeren und Erdbeeren an.
Für den Moment blenden wir die Stimmen unserer Eltern bezüglich des Fuchsbandwurmes aus und genießen die Früchte.

Heute lassen wir einige Höhenmeter hinter uns. Wir hoffen schwer, dass oben genug Gras für die Pferde wächst, sodass wir hier nachts unser Lager aufschlagen können. Seit mehreren Stunden hat es keine Gelegenheit zum Übernachten gegeben, doch trotzdem sind wir uns sicher, dass wir eine gute Stelle finden werden.
Je weiter wir laufen, desto tiefer gelangen wir in den Wald.
Wir begegnen keiner Menschenseele auf dem Weg. Wir hören nur die Geräusche des Waldes, die Schritte und das Schnauben der Pferde.

Nach einiger Zeit bestätigt sich unser Gefühl. Fast oben auf dem Gipfel wächst auf einem leeren Wanderparkplatz saftiges Gras.

Natürlich wollen wir nicht nur zum Parkplatz, sondern auch auf die Bergspitze. Wir sind auf über 800 Höhenmetern. Der Berg heißt „La Tête du Coquin", auf deutsch „Der Kopf des Hahnes". Oben angekommen wird jeder einzelne Schritt des Weges belohnt. Wir genießen die wunderschöne Aussicht über die Vogesen und deren vielfältige Naturlandschaft, welche inzwischen ein Teil von uns geworden ist. Hier, auf dem „Tête du Coquin" ist das Titelbild dieses Buches entstanden. Es spiegelt unsere Stimmung in diesem Moment wieder.

Jede einzelne Entscheidung, die wir getroffen haben, hat uns hierher geführt. Jede Begegnung hat dazu beigetragen, dass wir genau hier oben gelandet sind.
Mir wird bewusst, dass schon eine einzige Entscheidung den kompletten Weg verändert und neu prägt.

Unsere schönste Etappe
La tête du Coquin – Refuge de Prayé

„Voller Vertrauen gehen wir unseren Weg und genießen einfach den Augenblick."

Bettina

Die Nacht war windig und wenig schlafreich. Manchmal falle ich nach der Anstrengung des Tages sofort in tiefen Schlaf. In anderen Nächten sorgen die Geräusche des Waldes für viele wache Stunden. Das Zelt wird vom Wind geschaukelt, die Pferde schnauben. Ich vertraue ihnen, dass sie im Zaun bleiben, doch hält der Zaun dem Wind stand?

Bei einem warmen Frühstück werden die Kräfte wieder wach. Für einen Sonntagmorgen ist hier wenig los. Wie immer packen wir stundenlang alles zusammen und wiegen die Packtaschen sorgfältig aus. Einmal kommt eine Truppe Mountainbiker vorbei und fragt spaßeshalber, ob sie ein Pferd gegen ihr Mountainbike tauschen können. Ja geeenau.
Gut gelaunt machen wir uns auf den Weg. Da wir gestern den Großteil der Höhenmeter zurückgelegt haben, laufen wir jetzt auf dem Bergkamm entlang. Eine wunderschöne Strecke mit genialer Aussicht, besser geht es nicht!
Es ist das erste Mal seit dem Beginn unserer Tour, dass ich mich wirklich entspannen kann. Anfangs hat es sich eher angefühlt wie ein Survival Camp, wir waren ständig auf der Hut vor möglichen Gefahren, auf der Flucht vor Gewittern, auf der Suche nach einer Übernachtung.
Trotzdem waren unglaublich viele schöne Momente dabei.
Durch die gemeinsam bestandenen Abenteuer haben wir unsere Pferde besser kennengelernt, ihre Fähigkeiten und Stärken. Wir können uns auf sie verlassen und auch auf uns. Voller Vertrauen gehen wir unseren Weg und genießen einfach den Augenblick.

Gegen Spätnachmittag kommen wir bei einem besonderen Platz an, dem „Refuge de Prayé ", einem Rastplatz mit einer frischen Quelle. Wir beschließen, hier zu bleiben und den Pferden scheint es auch zu gefallen.

Ein magischer Ort.

Im Naturparadies

Refuge de Prayé – Le petit Donon

Bettina

Außerhalb meines Schlafsacks herrscht klirrende Kälte.
Hallo Frankreich? Wir haben Mitte Juni, tragen alle Hosen und Jacken übereinander und frühstücken mit Woilachen umwickelt. In den höheren Lagen ist es recht frisch, aber dafür werden die Pferde von den lästigen Bremsen verschont.

Dieser Platz ist ein absoluter Traum. Es ist Natur pur, neben uns plätschert frisches Quellwasser aus dem Brunnen. Im Brunnen schwimmen ein paar noch verschlossene Milch-Reis Packungen mit Caramel-Sauce, die es im Supermarkt im Kühlregal zu kaufen gibt. Wahrscheinlich hat die jemand hier kühlen wollen und vergessen, vom Datum her sind sie noch nicht abgelaufen.

Irgendwie juckt es uns in den Fingern, eine Packung aufzumachen.
Wie das wohl von innen aussieht? Wir fischen eine gekühlte Packung raus und ich mache sie auf. Also wie Milchreis sieht das nicht aus, eher wie braune und weiße Klumpen. Aber es riecht normal, wirkt nicht als ob es schlecht wäre.
Sollen wir mal probieren? Tanja lehnt ab, sie sagt so etwas schmeckt ihr nicht. Sie ist in der Richtung traumatisiert, aufgrund einer gewissen Kaffeschokolade, welche ich ihr mal angedreht habe. Na super, das hätte ich vorher wissen können. Ich probiere ein bisschen, es schmeckt nicht gigantisch, aber lässt sich essen.
Irgendwie bekomme ich die Packung runter, Hauptsache kein Essen weggeworfen und etwas von unseren Vorräten gespart.

Eine weitere schöne Etappe wartet heute auf uns. Wir haben beschlossen, einen weiteren Berg „Le Donon" zu besteigen. Es ist nicht der schnellste Weg, aber das spielt keine Rolle. Was bringt es, wenn wir den schnellsten Weg von Dorf zu Dorf nehmen, aber die schönsten Strecken verpassen?

Inzwischen klappt die Navigation mit der Karte wunderbar. Diese Karte war ein Geschenk und wir sind unseren letzten Gastgebern sehr dankbar. Durch ihren Wegvorschlag und dieser Karte haben sie uns die bisher schönsten Etappen unserer Tour ermöglicht.

Bevor wir auf über tausend Meter auf den Donon steigen, geht es etwas bergab. Wir machen Rast bei einer Bank, und ein Mann schenkt uns nach einer netten Unterhaltung eine 6-er Packung Limonade.
Einfach so.
Der Weg auf den Donon ist anstrengend, aber die Aussicht macht es wett. Die Pferde können mit der Aussicht jedoch nicht sehr viel anfangen und bleiben immer wieder stehen. Doch Gras geht immer und fast am Gipfel gönnen wir den Pferden eine ausgiebige Fresspause. Der restliche Weg ist für Pferde nicht zugänglich. Jedoch gibt es eine paar coole Holzsonnenstühle auf denen wir uns ausstrecken.

Hinlegen war nicht unbedingt die beste Idee. So könnte ich einfach liegen bleiben ... doch hier können wir nicht bleiben. Wir haben nicht das Gefühl, dass es gerne gesehen wird, wenn wir hier mit den Pferden übernachten. Es ist zu wenig Platz und es gibt zu viele Touristen.
Nach einer Weile machen wir uns wieder an den Abstieg. Unsere Pferde schauen uns an, als wären wir jetzt völlig verrückt geworden.
Wir verlassen dieses Paradies für eine weitere Anstrengung?

Unsere Hoffnungen ruhen auf einer Hütte im Wald. Wir haben das Ende der Wanderkarte fast erreicht, doch ganz am Rand ist eine Hütte eingezeichnet. Diese paar Kilometer werden wir noch schaffen.
Als wir um die letzte Kurve gehen, hoffen wir einfach nur, dass alles passt und wir genügend Gras für die Pferde finden werden. Wenn es mit dieser Hütte nicht klappt, wird es sehr spät werden.

Wir erspähen grün und atmen auf. Eine schöne Waldhütte mit Feuerstelle und auf der kleinen Lichtung wächst Gras. Genau in so einer gemütlichen Waldhütte wollte ich schon immer mal übernachten!
Mit den letzten Sonnenstrahlen bauen wir unser Lager auf, wie immer kümmern wir uns erst um die Pferde und wir kommen zum Schluss.
Die Pferde sind so geduldig und einfach nur toll! Bis wir unser Essen kochen, ist es stockdunkel. Selten haben Nudeln mit Soße so gut geschmeckt.

Essen & Trinken

„Finden die Pferde bei so einer Tour eigentlich genügend zu fressen?"

Eine häufig gestellte Frage, tatsächlich war das überhaupt kein Problem. Im Gegensatz zu Menschen sind Pferde sehr anspruchslos und Gras findet sich in den warmen Jahreszeiten wirklich überall.

Natürlich solltest du bei der Streckenplanung darauf achten, dass du abends nicht in der Stadt landest. Über Nacht standen unsere Pferde entweder auf einer Wiese oder ab und zu in einer Box mit Heu.

Dein Pferd sollte unempfindlich sein, was Futterumstellung angeht, sowie davor **24 Stunden Gras** gewohnt sein.

Auch tagsüber gibt es eine Menge Möglichkeiten für Fresspausen. Feenja hat während dem Ritt nicht ab -, sondern zugenommen!

Wir hatten außerdem einen **Falteimer** dabei, sodass wir überall Wasser schöpfen konnten. In Frankreich gibt es in vielen kleinen Dörfern einen Brunnen. Auf den Karten (online oder auf Papier) sind häufig Bachläufe eingezeichnet. Außerdem kannst du immer an einer Haustür klingeln, fast jeder gibt durstigen Menschen und Pferden frisches Wasser.

Wie sieht es mit den Menschen aus?

Schon mal mit dem Pferd vor dem Supermarkt gewartet? Spätestens bei einer langen Wandertour wirst du es erleben. Hierfür solltest du äußerst anbindesichere Pferde haben oder mindestens zu zweit sein.

Zum Finden von Einkaufsmöglichkeiten empfiehlt es sich, zum Beispiel auf Google Maps die Supermärkte auf der weiteren Strecke auszukundschaften oder Einheimische zu fragen.

So kannst du ausrechnen, wie viele Tagesetappen zwischen den Supermärkten auf deiner Strecke liegen und dementsprechend einkaufen. Für die Menge, die ihr pro Tag esst, bekommst du schnell ein Gefühl.

Hängende Unterlippen auf dem Supermarkt-Parkplatz.

Zusätzlich zu den Supermärkten gibt es auch immer wieder Obststände, kleine Läden und Bäckereien. Mit ein bisschen Planung verhungert da niemand!

Trinken? Wir dachten vorher, wir bräuchten irgendwelche speziellen Trinkblasen oder Ähnliches. Tatsächlich reichen einfach die Flaschen vom Supermarkt, wir haben diese immer wieder aufgefüllt und nach einer Weile ausgetauscht. Pro Person pro 24 Stunden haben wir drei Liter Wasser mitgenommen. Das ist jedoch sehr individuell, probiere das einfach für dich aus.

Alles in allem brauchst du dir auch bei einer spontanen Tour ohne geplante Übernachtungen keine Sorgen um die Essensversorgung machen. Und wenn du im Notfall an einer Tür klingelst, verhungern lässt dich keiner.
Tatsächlich ist das Essen das Thema, das uns mit am meisten Spaß gemacht hat.

Unsere Lieblingsrezepte für unterwegs

Was hält sich gut und ist praktisch für unterwegs? Wir haben eine ganze Reihe neuer Kreationen entworfen, die wir auch jetzt noch gerne essen. Unser Hauptmotto beim Kochen heißt: Du weißt nicht, wie es schmeckt, bevor du es probiert hast.
Hast du schon mal probiert, Reis und Linsen mit geschnittenen Äpfeln gleichzeitig in einem Topf zu kochen?

Frühstück Variante 1:

- *Haferflocken mit Wasser* (heiß/kalt)
- Dazu je nach Vorhandensein verschiedene Extras: *Obst* nach Wahl – kleingeschnitten, *Datteln* oder *Rosinen*, *Zerhackte Schokolade*, *Nüsse*.

Frühstück Variante 2:

- Das landesübliche *Brot/Baguette*
- Darauf als Brotaufstrich *in Scheiben geschnittenes Obst* – hier sparsam bleiben aufgrund des Gewichts. *Banane*, *Äpfel* und *Pfirsiche* sind hierfür besonders gut geeignet!
- Etwas *zerhackte Schokolade* oben drauf.
- Alternativ geht natürlich auch *Marmelade* oder ein anderer Brotaufstrich (Achtung, gibt schnell eine Sauerei).

Frühstück Variante 3:

- *Gekochter Couscous, Bulgur oder Reis* (relativ geschmacksneutral)
- kompatibel mit fast allem: *Obst, Schokolade, Nüsse, Öl*

Das **Mittagessen** sollte aufgrund wartender Pferde
meistens schnell gehen, keine aufwendigen Kochaktionen.
Möglichkeit 1: Schnelle Snacks
Möglichkeit 2: Bereits morgens vorkochen

Snacks:
Obst für den Kreislauf. Kekse und Schokolade.
Baguette/Brot mit Käse und Gemüse, abgepacktes Vollkornbrot bringt
Energie und ist haltbar. Auch harter Käse hält ohne Kühlschrank einige
Tage, vorausgesetzt man ist was die Konsistenz angeht unempfindlich.

Vorgekocht:
Reis, Couscous, Bulgur, Ebly, Linsen, etc. vorgekocht. Mittags noch
Tomatensauce, Nüsse oder etwas Gemüse dazugeben. Öl und/oder Salz
verstärken den Geschmack.

Das Abendessen:

Endlich ist Zeit für eine ausgiebige Mahlzeit. Gekocht wird alles in
einem Topf, je nach Kochzeit bestimmt sich die Reihenfolge. Um Wasser
und Gas zu sparen, kochen wir mit wenig Wasser und Topfdeckel.

Reis, Nudeln, Couscous, Bulgur, Ebly, Linsen, ...
Dazu Gemüse aus der Dose: Zum Beispiel *Erbsen, Bohnen, Mais.*
Alternativ *frisches Gemüse*, etwas *Käse.*

Geheimtipp: Überall *Erdnüsse* mit rein hauen, in Frankreich sind sie
super günstig und es gibt sie überall.

Zum Nachtisch gibt es in guten Zeiten ein *halbes Stück Frucht* und ein
Stückchen Schokolade.
Viel Freude beim Schlemmen!

Begegnung im Herzen

Le petit donon - Wisches

„Alles wird gut, sagt sein Blick. Ich streichele den Wirbel auf seiner Stirn und habe meine Entscheidung gefällt."

Bettina

Ich bin viel zu früh wach. Mein erster Blick schweift wie immer zu den Pferden. Ohne Brille kann ich nicht richtig fokussieren, doch etwas verdutzt halte ich inne. Ein Pferd fehlt.
Auf der anderen Seite des Weges bewegt sich etwas. Feenja! Wie ist sie nur durch den Zaun gekommen? Tanja schläft seelenruhig. Ich stehe auf und gehe zu Feenja, sie grast entspannt und sagt mir guten Morgen. Ich lasse sie weiter grasen, solange ihre Herde hier ist wird sie nicht gehen. Der Paddock ist unbeschädigt und steht unter Spannung. Wahrscheinlich hat sie sich zufällig unten durch gewälzt, sie hat bisher den Zaun noch nie in Frage gestellt.
Don blinzelt im Liegen, er schläft. Leise setze ich mich zu ihm und streichle seinen weichen Hals. Er schaut mich vertrauensvoll an, atmet langsam und tief.

Don gehört nicht mir. Er soll verkauft werden ... an mich, oder an einen Fremden. Ich habe ihn in über Videos für unsere Tour ausgesucht, habe ihm hier unsere Welt gezeigt. Er hatte Angst, doch jetzt folgt er mir über Straßen, Brücken und durch Städte. Er lässt sich reiten, war bis jetzt immer sehr lieb dabei.
Ich kenne seine Stärken, doch ich kenne auch seine Schwierigkeiten. Mehrmals bereits ist er neben mir hochgegangen, traf mich mit dem Vorderhuf am Arm. Zweifel.
Und doch, da ist eine Verbindung, die ich nicht leugnen kann. Tanja hat mal gesagt, sie weiß sofort, wenn etwas mit Don nicht stimmt, denn dann geht es mir auch nicht gut. Viele hundert Kilometer habe ich bereits an der Seite dieses Pferdes zurückgelegt, seine wachen Augen immer neben mir.

Die letzten Wochen lief ein innerer Kampf in mir ab. Soll ich ihn kaufen? Der Zeitpunkt so kurz vor dem Studium ist eher ungünstig, doch gibt es überhaupt einen perfekten Zeitpunkt für den Kauf eines Pferdes? Ich sitze bestimmt eine halbe Stunde neben Don. Immer wieder legt er sich flach auf die Seite, schläft tief. Ich friere, ich habe keine Jacke an. Doch ich kann nicht gehen.

Don schaut mich friedlich an, als wüsste er bereits, was geschehen wird. Alles wird gut, sagt sein Blick. Ich streichele den Wirbel auf seiner Stirn und habe meine Entscheidung gefällt.

Tanja

Nach der gemütlichen Nacht in der Waldhütte wandern wir einige hart erkämpfte Höhenmeter Richtung Schirmeck wieder runter.
Inzwischen bevorzugen wir die Waldwege. Kein Lärm von Straßen, kein Stress mit den Hinterlassenschaften der Pferde und Estella kann frei mitlaufen.
Alles ganz entspannt.

Leicht naiv laufen wir über ein kleine Sandstelle und plötzlich macht es hinter uns „plums".
Feenja hat ihre Chance sicher schon meterweit im Voraus gesehen und wälzt sich nun genüsslich auf dem Boden. Oh nein, unser Essen!
Leider kann ich diesen seltenen Liegeversuch nicht wirklich unterstützen, also schicken wir sie gemeinsam hoch. Wir ahnen schon, was uns in den Packtaschen erwartet. Eine geplatzte Tomatensoße, eine kaputte Salzpackung und ein verbeulter Topf. Diese Dinge haben dem Belastungstest nicht standgehalten.
Kleine Anekdote am Rande: In unserem Studentenwohnheim kochen wir immer noch täglich in dem verbeulten Topf. Ein Topf mit Geschichte, er erinnert uns immer an unser Abenteuer.

Wir entschließen uns für eine „Putzmittagspause" an einem schönen Platz. Ein bisschen Tomatensauce aus der Packtasche lässt sich noch retten. Wir mischen das zu dem vorgekochten Reis. Guten Appetit.

Nach mehreren Stunden im forstwirtschaftlich genutzten Wald kommen wir in einem Dorf namens Wisches an. Zum ersten Mal seit Tagen sind wir gestresst.
Hier scheint alles an uns vorbeizuziehen. Hupende Autofahrer, überfüllte Geschäfte und viele Menschen. Dabei ist das nicht mal eine Stadt, sondern ein großes Dorf. Zuhause sind wir die Geräuschkulisse so gewohnt, dass sie uns im Alltag gar nicht mehr auffällt.
Doch was für ein Kontrast zur Natur!

Trotz allem hat sich die „Shoppingtour" von Essen und Zeckenzange gelohnt, denn wir haben uns gleich für mehrere Tage eingedeckt.
Man weiß ja nie.
Mein Rucksack ist knappe neun Kilogramm schwer. Wir wollen schließlich in keine Wasserknappheit kommen. Ich trage so viel wie Estella oder Feenja – irgendetwas ist da schiefgelaufen.
Ich persönlich habe gerne einen Rucksack dabei, um die wichtigsten Dokumente, Kameras und meine Jacke verstauen zu können.

Alle Höhenmeter, die wir für diese Besorgung runter gegangen sind, geht es nun wieder bergauf. Auf der Karte entdecken wir auf einer Anhöhe eine eingezeichnete Hütte, welche wir unbedingt erreichen möchten! Vielleicht haben wir ja soviel Glück wie beim letzten Mal?
Die gute Nachricht, wir kommen an einem schönen Platz mit Holzhüttchen an.
Die suboptimale Nachricht dabei ist, die komplette Wiese rundherum wurde vor wenigen Tagen raspelkurz abgemäht. Hier finden die Pferde leider nichts zu Fressen. Hach, wie gerne würden wir jetzt einfach hier unser Lager aufschlagen, denn wir sind alle müde.

Da ich nicht gerne zurückgehe, gehe ich auf eigene Faust mehrere umliegende Wege ab, in der Hoffnung, Gras für unsere Tiere zu finden. Wir wussten, es ist nur eine Frage der Zeit, bis überall gemäht wird.
Schlussendlich laufen wir mehrere hundert Meter zurück und lassen uns auf einer sehr kleinen Randwiese nieder.
Dieser Platz gehört uns nicht alleine, mit tausenden Moskitos dürfen wir hier nächtigen. Wir haben keine Lust zum Auf- und Abbauen des Zeltes und es ist sehr warm. Wir entscheiden uns, auf der Plane ohne Zelt zu übernachten. Ob das eine gute Idee war?
Mit dem Summen der Moskitos schlafen wir ein.

Wir wappnen uns für den Abstieg ins Dorf.

Argh, warum ausgerechnet hier? Wir sind dann mal weg.

DIE REISE GEHT WEITER

WISCHES – GENSBOURG

Tanja

Sollen wir die Insektenstiche im Gesicht zählen?
Lieber nicht, ich möchte gar nicht wissen, wie ich gerade aussehe.

Routiniert packen wir zusammen und machen uns auf den Weg.
Nach einem weiteren langen Marsch im Wald und ein paar Umwegen machen wir eine Mittagspause auf einer Bank unter einem großen Baum. Als ich von einer kleinen Erkundungstour zu einem Bach zurückkehre, sehe ich ein sehr treffendes Schild über der Bank. Das Schild trägt keinen anderen Namen als „Waldeinsamkeit".
Sehr treffend um unsere momentane Situation zu beschreiben, wobei wir nicht wirklich einsam sind. Unsere Pferde sind immer an unserer Seite.

Nach mehreren Kilometern kommen wir in ein Dorf namens Gensbourg. Die Sonne steht bereits tief am Horizont. Werden wir hier eine Übernachtung finden?
Ganze vier Häuser zieren den Ort. Wir klingeln an einem schön gepflegten Haus, werden aber von der Frau eher naserümpfend weggeschickt, als sie merkt, dass durch die Pferde Bremsen angelockt werden.

Beim zweiten Frageversuch am nächsten Haus bekommen wir die Erlaubnis, auf der Wiese neben dem Haus zu nächtigen. Die Leute sind sehr nett, doch auch hier ist die Wiese vor kurzer Zeit abgemäht worden. Etwas unschlüssig stehen wir herum. Den Platz können wir heute Abend kaum mehr wechseln, wer weiß, wann wir die nächste Gelegenheit zum Übernachten haben werden. Die nächste Ortschaft liegt mehrere Kilometer weiter und dazwischen erstreckt sich ein Waldgebiet.
Die Pferde fressen am langen Strick und nehmen, was sie kriegen können. Wir müssen aufpassen, dass sie sich nicht mit Sattel wälzen. Noch haben wir nicht abgesattelt, wir sind immer noch unschlüssig, ob wir wirklich hier bleiben können.

Neben uns rennt ein Esel hinter dem Zaun auf und ab. Er schreit lauthals nach den Pferden, das kann ja eine Nacht werden!
Kurze Zeit später vermischt sich das Geschrei des Eselhengstes mit dem seiner Besitzerin. Diese ist nicht allzu glücklich, dass wir hier bei ihren ungeliebten Nachbarn auf der Wiese nächtigen und hat Angst, dass ihr Eselhengst in der Nacht ausbricht. Auch wir kommen wegen unseren beiden Stuten ins Grübeln, schließlich wollen wir nicht mit noch mehr Tieren zurückkehren.

Nach längerem hin und her bietet sie uns eine wunderschöne, große Wiese für die Pferde an. Ihr Mann läuft mit uns den Zaun ab, um ihn auf Löcher zu kontrollieren. Es gibt viel Gras und einen kleinen Bach zum Trinken, den Pferden wird es gut gehen.

Anfangs haben wir den Eindruck, dass wir unseren Gastgebern kräftig auf die Nerven gehen und sie uns nur zweckmäßig die Wiese angeboten haben. Der Mann fragt uns, ob wir uns auf ein Glas Wasser mit ins Wohnzimmer setzen.
Daraufhin sitzen wir auf dem Sofa, fühlen uns nach den Wandertagen verschwitzt und staubig. Obwohl es uns normalerweise leicht fällt, ein Gespräch zu beginnen, ist es schwierig ein Thema zu finden. Wir sind alleine mit der Frau, welche anscheinend nicht ganz einverstanden ist, dass ihr Mann uns in ihr Haus eingeladen hat. Wir fühlen uns alle unwohl in dieser Situation.
Nach einer Weile tauen wir auf und finden Gemeinsamkeiten. Tatsächlich ist es die Frau, die uns einlädt noch zum Abendessen zu bleiben. Es wird noch ein richtig schöner Abend mit interessanten Geschichten.

Wir erfahren, dass die Frau aus Spanien stammt und sie gemeinsam mit ihrem Mann eine eigene Schlosserfirma betreibt. Lange haben sie in der Stadt gewohnt, haben sich dann aber auf das Land zurückgezogen.
Für dieses ruhige Plätzchen Erde sind sie sehr dankbar.

Eine beeindruckende Frau

Gensbourg - Wangenbourg-Engenthal

Tanja

Wie selbstverständlich laden uns unsere Gastgeber am nächsten Morgen auf ein Frühstück ein und wir bekommen einen leckeren Fruchtsmoothie! Das erste Mal seit langem werden wir richtig umsorgt und dürfen im Haus duschen.

Nachdem uns unsere liebe Gastgeberin noch mit Mückenspray eingesprüht hat, gehen wir unseren Weg weiter.
Wohin? Richtung Norden! Auf der Karte bestimmen wir das nächste ungefähre Tagesziel und orientieren uns danach.

Nach all den Tagen im Wald tut es gut, an den wenig befahrenen Landstraßen entlangzugehen. Manchmal kommt über eine dreiviertel Stunde kein Auto und wir kommen super voran.
Vom eher forstwirtschaftlich genutzten Wald gelangen wir in die touristische Region des Elsass. Viele Schilder berichten über den ersten und zweiten Weltkrieg, der hier an der Grenze zu Deutschland sehr präsent war. Heutzutage schmücken Blumen gemütliche aussehende Häuschen. Es ist kaum vorstellbar, dass sich hier vor gar nicht allzu langer Zeit etwas Derartiges abgespielt hat. Jetzt wirkt alles friedvoll.

Während der Mittagspause sind wir stolze Pferdemamis.
Unsere Pferde stehen ganz entspannt am Wanderschild angebunden und nutzen ihre Pause. Kein Wunder, warum sie beim Laufen nun so viel Energie haben: Sie pfeffern sie nicht mehr in der Pause raus.
Wir werden bald in einen Ort namens Wangenbourg–Engenthal kommen und hoffen hier auf eine Übernachtung. Frohen Mutes laufen wir den Berg hinunter und blicken in's Tal. Wir könnten heute Abend überall sein, noch wissen wir nicht, wohin uns der Weg leiten wird.
Die Temperatur ist perfekt zum Laufen, es duftet nach frischem Grasschnitt und wir fühlen uns hier gut aufgehoben.

Von weitem sehe ich eine ältere Dame bei einer Pferdekoppel den Zaun reparieren. Als sie uns sieht, humpelt sie auf uns zu und ruft uns ein paar unverständliche Worte zu. Wir kommen ins Gespräch und fragen, ob sie eine Übernachtungsmöglichkeit in ein paar Kilometern weiß.
Sie wirkt sehr beschäftigt, doch sie lädt uns und die Pferde sofort zu sich ein. Sie nimmt sich sogar kurz Zeit und beschreibt uns auf Elsässisch einen guten Weg zu ihrer großen Wiese. Wir laufen los, doch nehmen dann teilweise den Straßenweg, weil wir schon etwas müde sind und nicht alles genau verstanden haben.

Peinlicherweise kommt sie nach einiger Zeit mit dem Auto an uns vorbei. „Warum nehmt ihr denn den Straßenweg?" Sie ist sichtlich entsetzt und wir etwas beschämt.
Auf dem Weg muss ich über die Frau nachdenken. Was sie wohl für eine Geschichte in sich trägt? Irgendwie wirkt sie sehr spannend auf mich …

Wir finden den Weg und sehen eine wunderschöne Wiese am Hang. Diese ist so groß, dass wir nicht mal die Zäune auf der anderen Seite sehen können! Während wir unser Lager unter einem kleinen Unterstand aufbauen, grasen die Pferde bereits friedlich.
In der Ferne sehe ich Rehe eine Böschung hoch rennen.

„KÈ GWOHNET MEH.
ÌM ELSÀSS VERSTEHN NOCH VÌEL DR ELSASSISCH DIALEKT, UN SA KÄNNTA'NA WOHRSCHINS NOCH REDA, ÀWER SA SÌN'S NÌMM GWEEHNT. ÌN DR ÄFFENTLIGKEIT, ÌN'MA GSCHAFT ZUM BEISPIEL, ODER ÌN DR FÀMÌLIA, WÌRD NUMMA NOCH MÌT DA ÄLTRA LITT ELSASSISCH GSPROCHA. SOGÀR WENN A JUNGER ÌN'MA GSCHAFT ELSASSISCH FÀNGT À REDA, BIKUMMT'R VÌELMOLS A ÀNTWORT UF FRÀNZEESCH."

Bettina

Von unserer Gastgeberin werden wir zum Abendessen auf der Terrasse eingeladen. Es gibt unter anderem einen absolut perfekten Kartoffelsalat mit essbaren Blumen aus dem Garten, so lecker. Die Frage ist nur: Wie schöpft man sich möglichst viel, ohne dass man verfressen wirkt?

Beim Gespräch mit unserer Gastgeberin Cateline stellt sich heraus, dass sie selber eine Wanderreiterin ist. Vor zehn Jahren hat sie alleine mit drei Pferden und zwei Hunden in einem Jahr 4000 Kilometer durch Europa zurückgelegt. Unglaublich, oder?!

In unserem Kopf rattert es. Wir sind zu zweit mit drei Pferden gut beschäftigt, alleine wäre es für uns kaum machbar. Es fängt schon dabei an, dass wir die drei niemals vor einem Supermarkt anbinden würden und für eine halbe Stunde alleine lassen könnten. Das wäre pures Chaos!

Unglaublich, was sie geschafft hat. Cateline war zum Zeitpunkt der Reise 62 Jahre alt, zudem hat sie nur ein Bein. Durch eine Prothese kann sie laufen, hat aber trotzdem eine gewisse Einschränkung.
Wir sind schwer beeindruckt und wollen unbedingt mehr erfahren!

Sie erzählt uns von ihrer Reise:
„Zwei Pferde trugen mein Gepäck, auf dem dritten bin ich geritten.
So war es möglich, komplett unabhängig zu sein und trotzdem größere Distanzen zurückzulegen als zu Fuß.
Hierfür braucht man gute Pferde: Meine drei Araber kenne ich seit vielen Jahren und ich kann mich auch in schwierigen Situationen auf sie verlassen. Sie sind ausdauernd und trittsicher.
Wenn ich Platz auf dem Weg hatte, nahm ich sie beide neben mich als Handpferd. Bei wenig Platz ging eins voraus und eins hinter meinem Reitpferd. Das habe ich viel mit ihnen geübt.
Bei schwierigem Gelände und Engpässen habe ich immer zwei abgestellt und jedes Pferd einzeln hinübergeführt. Manchmal gab es nichts zum Anbinden, dann habe ich sie einfach abgestellt und gehofft, dass sie stehenbleiben.
Meine Übernachtungen habe ich mir immer kurzfristig gesucht.
Manchmal ging es schnell, manchmal hat es gedauert – aber ich habe jede einzelne Nacht etwas gefunden. Schwieriger wurde es im Herbst, da hatte ich mal wochenlang Regen.

Jedes einzelne Kleidungsstück war nass, zudem war es kalt und windig. Zu allem Überfluss verlor ich auch noch mein Zelt.
An diesem Abend blieb mir nichts anderes übrig, als in einer Hütte Unterschlupf zu suchen. Gut für mich, nur gab es da kein Gras für die Pferde. Ich suchte nach Menschen in der Umgebung und fragte nach Heu für die Pferde. Ein Mann brachte uns Heu, ich kam mit ihm ins Gespräch. Am nächsten Morgen stand er wieder da, mit einem alten Zelt, das er nicht mehr brauchte. Ich habe bei meinem Wanderritt so viel Gutes erfahren.

Den Winter mag ich lieber als den wochenlangen Regen. Die Winterstimmung in der Natur war grandios. In der Nacht zog ich alle meine Kleider an und zwei Schlafsäcke übereinander. Das ging ganz gut, meine beiden Hunde hatte ich ja auch noch. Am Morgen durfte ich nur nicht gegen die Zeltwand stoßen, sonst fielen die Eiszapfen von der Zeltdecke auf mich herab.

Diese Erfahrungen waren unglaublich und ich freue mich bereits auf meine nächste Reise."

Nach dem Essen zeigt uns Cateline einige Bilder von ihrer Tour. Die Aussichten sind wirklich spektakulär, sie hat sogar Gebirge überquert. Wir haben einen großen Respekt vor ihr und ihrer unglaublichen Leistung, so lange und mit allen Jahreszeiten unterwegs zu sein.
Auch im Alter von 72 Jahren hat sie eine unglaubliche Energie und viel zu tun mit ihren zehn Arabern. In den nächsten Jahren möchte sie mit einer Freundin und fünf Pferden auf eine Open-End Tour durch Europa gehen. Wir sind schwer beeindruckt und Cateline hinterlässt mit ihrer Ausdauer und ihrem Tatendrang einen nachhaltigen Eindruck bei uns.

Wir bleiben zwei Nächte bei Cateline und gönnen den Pferden auf der Koppel eine Pause. Wir helfen ihr, Büsche und Unkraut auf einer Koppel zu entfernen. Außerdem kommen uns mein Vater und mein Großvater mit dem Wohnwagen besuchen, so schön mal wieder Gesichter von Zuhause zu sehen. Es gibt frisches Obst und Gemüse und Haferflocken aus Deutschland! Haferflocken sind in Frankreich nämlich viel teurer.

Unsere Finanzen

Finanzen - ein Thema, welches bei der Rittplanung und Vorbereitung ein wichtiger Aspekt ist. Hier gilt: Lieber einen Puffer mit einplanen, als am Ende in Stress zu geraten.

Klar, der eine oder andere kennt vielleicht Geschichten von Leuten, die ganz ohne Geld auf große Reisen losgezogen sind. Das ist sicher eine spannende Erfahrung, jedoch würden wir davon abraten, wenn du Pferde mit auf deine Reise nimmst.

Es kann immer sein, dass höhere Kosten auf einen zukommen, wie Hufeisen oder Tierarztkosten. Das Risiko des Lebens eben.

Trotzdem gibt es Möglichkeiten, sich den Traum des Wanderritts auch ohne ganz dicken Geldbeutel zu erfüllen.

Bevor wir etwas gekauft haben, haben wir uns immer erst einmal umgehört, ob wir es ausleihen oder gebraucht abkaufen können. Es ist erstaunlich, was manche Menschen im Keller liegen haben. Auch hier gibt es verschiedene Möglichkeiten:

- Einen Aushang im Stall machen, wer Wanderreitzubehör zum Ausleihen hat.
- Wie kann ich bereits vorhandene Ausrüstung umfunktionieren?
- Anzeige schalten „Suche ...".
- Facebook–Gruppen und Blogs zum Thema Wanderreitzubehör.
- Gebrauchte Wander(reit)ausrüstung auf Ebay Kleinanzeigen.

Dadurch haben wir eine Menge Geld gespart und kamen mit interessanten Leuten ins Gespräch, die auch schon mal Touren gemacht haben.

Organisatorisches / Dokumente:	Zu beachten:	Kosten
Pferdehaftpflicht	Sollte jedes Pferd haben, ist in den meisten Ställen vorgeschrieben. Wichtig: Was deckt meine Pferdehaftpflicht ab?	ca. 40 – 100 € pro Jahr je nach Abdeckung und Größe des Pferdes
Falls nötig (für Menschen): Zusätzlich zur Krankenversicherung und Haftpflicht, Auslandskrankenversicherung für Menschen.	**Was deckt meine Krankenversicherung ab?** **Brauche ich bei längeren Reisen im Ausland eine Auslandskrankenversicherung?**	Preis variiert je nach Dauer der Reise, jedoch gut leistbar und empfehlenswert.
Wenn es nicht das eigene Pferd ist: Wer haftet im Schadensfall?	Brauche ich für ein zur Verfügung gestelltes Pferd nochmal eine Versicherung? Absprechen!	
Ausreisedokumente + Amtstierarzt		ca. 50 € pro Pferd
Evt. Hänger leihen		Variiert
Fahrtkosten zum Start/Ziel		

Unsere Finanzen

Bereits vor dem Start des eigentlichen Wanderritts kommen einige Kostenaspekte auf dich zu. Hier hängt es stark davon ab, welche Ausrüstung du bereits zuhause hast.

Kosten für die Ausrüstung:

Es ist schwierig, einen Preis für dich zu definieren, da jeder bezüglich der Menge an Ausrüstung und Qualität andere Ansprüche hat.
Bei Sätteln, Packtaschen und Outdoor-Ausrüstung geht die Preisspanne zudem stark auseinander.

Was Outdoor-Ausrüstung für uns angeht, waren wir teilweise schon gut ausgestattet. Trotzdem kommen nochmal einige Kostenaspekte dazu:

Sonnenhut mit UV-Schutz: ca. 20 €
Langärmelige Outdoor-Bluse mit UV-Schutz: ca. 50 €
Notfall-Erste-Hilfe-Set und Zeckenzangen: 25 €
Camping-Kochset: ca. 50 €
Solarpanel: ca. 40 €

Das sind einige Beispiele. Geh am besten mal die Packliste durch und checke ab, was du schon hast und was du noch kaufen oder ausleihen musst. So wird die Preisspanne für dich klarer.

Wenn du noch wenig Outdoorausrüstung besitzt, solltest du vor einem längeren Wanderitt schon ein Polster zusammengespart haben.

 Tipp: Auch wenn es schwer fällt, achte trotz manchmal höherem Preis auf gute Qualität. Nicht nur für diese eine Tour, sondern für die nächsten Jahre.
Es war hoffentlich nicht dein letztes Outdoor-Abenteuer!

Ausrüstung	Zu beachten:	Kosten
Zelt	Welche Größe brauche ich wirklich? Für Wanderritt eher ein leichtes Trekkingzelt	Preis sehr variabel, je nach Qualität Unser sehr günstiges 2er Zelt: 70 €
Schlafsack	Abhängig von Temperatur	Preis variabel Bei uns: ca. 80 € pro Schlafsack
Isomatte/ Thermomatte	Eine sehr klein zusammenfaltbare Matte spart Packmaß. Auch darauf achten, ob sie gut isoliert.	Je nach Größe und Qualität ca. 20 – 150 €
Planen und Regenponchos	Welche Größe? (unsere Zeltplanen: 2x3 Meter) Multifunktionale Ponchos	Bei uns: Pro Plane und Poncho je ca. 15 €
Packsäcke aus dem Outdoorbereich	Befestigungs- möglichkeiten prüfen	Bei uns: 40 € / Stück 50L Packsäcke
Wanderreit-Zaunset	Bei mehreren Pferden: auf die Größe achten, evtl. mehr Litze mitnehmen	ca. 200 €
Woilach	100% Wolle	Bei uns: 15 € pro Stück

UNSERE FINANZEN

Finanzen unterwegs:

Bei der Vorbereitung dachten wir manchmal: Oh je, wenn das bei dem Ritt so weitergeht, dann sind wir danach ziemlich pleite.
Tatsächlich waren wir finanziell nach der Vorbereitung aus dem Gröbsten raus.

Wir haben jede Woche eine Bilanz gebildet, da wir es selber total spannend fanden, wie viel wir unterwegs für Essen und Übernachtungen ausgeben. Es war tatsächlich nicht so viel.

Durch den Wanderreitpaddock waren wir sehr unabhängig und durften uns oft auf die Wiesen neben Häusern oder zu Bauernhöfen stellen.
Da wir gezeltet haben und außer Wiese und Trinkwasser nichts benötigt haben, wollten die Bauern auch kein Geld dafür.
Die Leute waren so begeistert von den Pferden und unserem Abenteuer, dass wir immer wieder zum Essen bei ihnen im Haus eingeladen wurden.

Bei mehreren Reitställen, in welchen wir übernachtet haben, konnten wir mithelfen und somit die Unterkunft „abarbeiten".
Außer zu Beginn haben wir uns während des ganzen Wanderritts nie ein bezahltes Zimmer in einer Unterkunft gegönnt, sondern haben im Zelt übernachtet, in Boxen oder bei Privatpersonen. Das macht preislich viel aus.

Wir waren mit einem **sehr niedrigen Komfort/Luxus unterwegs**, daher die **günstige Wochenbilanz**. Manchmal haben wir tagelang draußen übernachtet und haben uns in Brunnen gewaschen. Gegessen haben wir viele Kohlenhydrate wie Reis und Nudeln.

Die Kosten auf der rechten Seite sind unsere **Gesamtkosten unterwegs für zwei Personen und drei Pferde**.

Unsere Kosten ab Abfahrt von Zuhause:

Woche 1:
- 300 Kilometer mit zwei Autos und Hänger
- 340 € für drei Tage Übernachtung für uns, unsere Pferde und unsere Eltern bei einem Reiterhof mit Ferienwohnung. Das war unser Startpunkt. Diesen Mini-Urlaub wollten wir unseren Eltern für die ganze Unterstützung zurückgeben.
- 40 € Essens-Startpaket
- 120 € für zwei Übernachtungen für Menschen und Pferde aufgrund Gewittermeldung.
- 120 € Estella Hufe raspeln und Feenjas Hufeisen

Woche 2: 28 € für Essen, 45 € für Übernachtung

Woche 3: 35 € für Essen, 70 € für Übernachtung

Woche 4: 45 € Essen, keine bezahlten Übernachtungen

Woche 5: 50 € Essen, keine bezahlten Übernachtungen

Woche 6: 30 € Essen, 50 € Übernachtung, Autofahrt von 150 km

Unser Fazit:
Fahrtkosten und die ersten zwei festen Übernachtungen haben uns so viel gekostet, wie mehrere andere Wochen zusammen.
Nächstes Mal würden wir näher von Zuhause losreiten, Fahrtkosten sparen und die langen, festen Übernachtungen am Anfang etwas kürzen. Ansonsten sind wir sehr zufrieden, als wir dann unterwegs und alle Pferde fit waren, haben sich die Kosten wirklich im Rahmen gehalten.

Galopp mit Aussicht

Wangenbourg-Engenthal – Elsass

„Ich glaube, wir sollten unseren Pferden wirklich mehr zutrauen."

Tanja

Wir freuen uns riesig über den Gepäcktransfer von Bettinas Vater und Opa. Eine Reitetappe liegt vor uns!

Bevor es bei uns losgeht, helfen wir Cateline, die Pferde auf eine andere Weide zu reiten. Mit einer Gruppe von sieben Leuten fühlen wir uns schon fast wie auf einem Touristenausritt. Mit ihren gut erzogenen, aber hochblütigen Pferden reiten wir abschüssige Pfade entlang.
Ich glaube, wir sollten unseren Pferden wirklich mehr zutrauen.
Wir kommen an mehreren Aussichtspunkten vorbei und freuen uns auf die heutige Etappe!

Wir empfinden es als großen Luxus, nicht zu packen und laufen mit einem „Wiedersehen" los.
Die zum Galopp einladenden Waldwege sind einfach ein Traum! Abwechselnd reiten wir Estella, Don und Feenja und kommen erstaunlicherweise sehr schnell voran. Wir sind stolz darauf, die Zeitangaben der Wanderschilder auch mal überholen zu können.

Die Aussicht, der Waldduft und die Wege sind einfach unbeschreiblich schön. Der Blick reicht weit über das Flachland des Elsass.
Was für ein Glück, hier oben zu stehen!

Am ausgemachten Treffpunkt treffen wir wieder Bettinas Vater und Großvater und basteln auf dem bewachsenen, leeren Parkplatz einen extra großen Paddock für unsere Pferde.

Gemeinsam lassen wir den unvergesslichen Tag ausklingen und schlafen unter dem „unzählbaren Sterne" Hotel ein.

Unser Fazit: Wandern vs. Reiten

Warum sprechen wir von einem Wanderritt, wenn wir meistens gelaufen sind? Ehrlich gesagt, weiß ich das auch nicht. Ich glaube, weil wir es ursprünglich als Ritt geplant hatten.
Letztendlich hat es sich dann anders entwickelt.

Wir sind fast nur gelaufen, auch genannt Säumen. Das ist das Wandern mit einem Packtier. Von der Anzahl an Pferden und unserem Gepäck her, hätten wir theoretisch öfters reiten können ... doch das wollten wir nicht. Es hat sich natürlicher angefühlt, zu laufen.

Deine Art der Tour und die Anzahl der Pferde bestimmen letztendlich, ob du läufst oder auch reiten kannst. Außerdem sind Pferde unterschiedlich belastbar, was die Gepäcklast angeht.
Wenn man wirklich viel reiten möchte, aber gleichzeitig komplett unabhängig unterwegs sein möchte, sollte man ein Packpferd mitnehmen. So ist das Reitpferd fast komplett vom Gepäck entlastet. Alternativ kann man immer an festen Orten übernachten und so viel Gepäck sparen.

Wir hatten ohne das Gewicht der Sättel und Pads, jedoch komplett mit Essen und Trinken ungefähr 45-50 Kilogramm Gepäck dabei. Das haben wir auf drei Pferde und zwei Rucksäcke verteilt. Ein Witz eigentlich, wir sind unterwegs einer Familie begegnet, die gleich viel Gewicht auf ein einziges Pferd packt. Dafür hatten sie einen stämmigen Haflinger aus der Tragtierzucht der Schweizer Armee und einen richtigen Packsattel. So ein kräftiges Pferd trägt natürlich ein anderes Gewicht als unsere Ponys.

Wie viel man auf ein Pferd packen kann, hängt auch von der Qualität deiner Ausrüstung ab. Es wäre nicht fair gegenüber dem Pferd, auf eine zusammengebastelte Konstruktion so viel zu packen, wie auf einen angepassten Packsattel.

Reiten macht natürlich Spaß und ist gerade in gebirgigen Regionen viel weniger anstrengend, als den Berg selbst hochzulaufen. Man macht mehr Strecke und kommt deutlich schneller voran.
Wir hatten mehrmals von Eltern oder Franzosen einen Gepäcktransfer und konnten auch mal reiten. Das war schon toll!

Wenn du einen „Reitwanderritt" machen möchtest, würde ich eine kürzere Strecke nehmen, weniger Gepäck, und/oder feste Übernachtungen planen. Alternativ, ein Packpferd pro Person.

Soviel zu unseren Erfahrungen. Da wir keine sehr tragkräftigen Pferde zur Verfügung haben, würden wir es wieder genauso machen. Da wir das tägliche Laufen mit den Pferden bald gewohnt waren, haben wir das Reiten auch nicht vermisst.

Wir verlieren wertvolle Fracht

Dann und Vierwinden

„Nie bleibt etwas gleich – die Tage leben von der Veränderung!"

Tanja

Auf der Wanderkarte am Parkplatz suchen wir uns ein nächstes Ziel, oder besser gesagt, eine Richtung aus.
Wir wählen einen gut aussehenden Weg Richtung Nordwesten und erfreuen uns über die gute Beschilderung. So ein Wandergebiet hat wirklich seinen Reiz!

Nach einigen Kilometern bemerken wir, dass die Ekzemerdecke nicht mehr da ist. An Estellas Sattel baumeln nur noch die Spanngurte herunter.
Ich entscheide mich, für dieses Edelstück den Weg zurückzulaufen, Bettina beaufsichtigt solange unsere drei Freunde. Irgendwo auf dem Weg muss die Decke ja liegen. Nach jeder Kurve vermute ich sie, finde sie dennoch nicht und laufe den anstrengenden Weg weiter zurück.
Nach einigen Kilometern komme ich mit leeren Händen am letzten Übernachtungsort an und erkläre die Decke für vermisst.
Es ist sehr ärgerlich, weil Estella sie wirklich braucht. So eine Decke lässt sich nicht so einfach unterwegs besorgen.

Auf unserem weiteren Weg bemerken wir, dass wir uns Menschen und den Pferden um einiges mehr zutrauen, als noch am Anfang.
Wir gehen schmale Höhenwege und über eine Stahlbrücke. Selbst Feenja geht total mutig rüber, obwohl ihre Hufeisen bei jedem Auftreten einen lauten Schlag geben.
Wir atmen erleichtert auf, als wir sicher auf der anderen Seite der Brücke ankommen.

Weiter geht es einen etwas steileren Weg bergauf. Plötzlich rutsche ich aus und lasse den Strick los. Feenja läuft ein paar Schritte bis zum nächsten flachen Stück weiter, bleibt stehen und dreht sich nach mir um. Wow!

Wir fragen uns, wohin uns der Weg heute führt. Lange kommen keine geeigneten Plätze zum Übernachten, jedoch genießen wir das Wetter und den Weg. Wir sind in einem lichten Wald unterwegs.
Es wird immer später und ich sehe schon von weitem einen gut gespannten Elektrozaun.
Dort angekommen drücke ich Bettina die Pferde in die Hand, laufe an einem alten Gebäude vorbei über den Hofplatz zur Tür. Ein Hund bellt.

Ich klingle und warte eine Weile, bis ich irgendwann ein zweites Mal auf die Klingel drücke. Da höre ich eine Person langsamen Schrittes über eine Holztreppe nach unten gehen und nach dem Türgriff greifen.
Spannend!

Ein verwunderter, älterer Herr schaut mir in die Augen und schnell erkläre ich ihm die Sachlage.
Seine zunächst ernsten Gesichtszüge entspannen sich. Er und seine Frau zeigen uns eine schöne große Koppel für unsere Pferde.
Wir können uns sehr glücklich schätzen.

Das Reisen und Unterwegssein fühlt sich jetzt so normal an. Jeder Tag scheint sich, trotz der einen oder anderen Herausforderungen zu fügen.

Der Hut wird zur Standardausrüstung.

MIST FÜR DAS TOMATENBEET

Dann und Vierwinden – La petite-pierre

„Das Wichtigste ist, einfach immer weiter zu laufen, die Augen offen zu halten und darauf zu vertrauen, etwas zu finden."

Tanja

Wir passieren das Schild „Ballon du Vosges Nord". Ein epischer Moment. So viele Kilometer, Begegnungen und Landschaften liegen nun hinter uns!
Das Dörfchen „La Petite-Pierre" ist unser nächstes Etappenziel. Als wir nach einem langen Wandertag dort ankommen, fühlen wir uns sofort sehr wohl, alles ist einladend geschmückt. An den Häusern und Zäunen hängen Blumentöpfe und ich muss aufpassen, dass Estella nicht auf blumige Gedanken kommt. Trotzdem streift sie mit einer Packtasche an einem Blumentopf, welcher mit Schwung vor ihre Füße fällt. Zum Glück ist dieser aus Plastik und ist nicht zerbrochen. So kann ich alles wieder in Ordnung bringen, sogar bevor sie die Topfpflanze frisst. Oh Pony!

Es wird Abend. Als wir an einer Häuserreihe mit vielen Wiesen vorbeikommen, wollen wir nach Übernachtungen fragen und klingeln bei jeder Gelegenheit. Entweder hören sie uns nicht oder sie sind nicht zu Hause, denn keiner macht uns auf. Wir tippen auf eine Nachbarschaftsparty oder große Urlaubszeit und laufen weiter.

Inzwischen schockt uns nun wirklich nichts mehr, in den letzten Strahlen der Abendsonne gehen wir unseren Weg.
Das Wichtigste ist, einfach immer weiter zu laufen, die Augen offen zu halten und darauf zu vertrauen, etwas zu finden.

Mir kommen mal wieder philosophische Gedanken… Nur zu vertrauen ist schön, bringt uns jedoch nicht weiter. Zu laufen, ohne in den Weg zu vertrauen ist auch nicht wirklich motivierend und irgendwann bleibt man stehen. Die Kombination macht's.

Am Ende des Dorfes probieren wir es beim letzten Haus. Ich klingele und höre Stimmen von innen. Plötzlich öffnet sich die Tür.
Ein Ehepaar scheint tief in ein Gespräch versunken zu sein, sie sehen mich erst in der letzten Sekunde. Gerade wollten sie zur Tür hinaus. Anscheinend haben sie mich gar nicht gehört und schauen mir erstaunt und stutzig zugleich ins Gesicht.

Ich erkläre ihnen die Sachlage und sie bieten uns herzlich ihren Garten für unsere Pferde an. Wir bewundern die Tomaten- und Rosenbeete und versuchen zu erklären, dass Pferde nicht so harmlos sind, wie sie auf den ersten Blick scheinen. Wenn sie jemanden brauchen können, der etwas umgräbt, dann sind unsere Pferde natürlich die besten Ansprechpartner!

Erfreulicherweise zeigen sie uns auch noch den Garten hinter dem Haus, wo vor ein paar Jahren mal Esel gelebt haben. Dort haben die Pferde ein großes Areal, welches sogar schon mit Elektrozaun umzäunt ist.
Warum das? Wegen den Wildschweinen in dieser Gegend, die in der Nacht den Garten umwühlen.
Leider ist hier die Mückenbelastung sehr hoch und es wird Zeit, dass wir wieder eine Ekzemerdecke für Estella haben. Estella geht mit der Situation dennoch besser um als gedacht. Sie rennt nicht mehr wie am Anfang zu dem nächsten Baum, sondern frisst stattdessen.
Die „Mückendesensibilisierung" hat mehr oder weniger geklappt, ist jedoch nicht sehr zu empfehlen.

Abends werden wir bekocht und essen eine ganze Nudelpackung alleine. Das Ehepaar ist super nett und sie behandeln uns fast wie ihre eigenen Kinder. Sie bieten uns sogar an, im Gästezimmer zu übernachten, doch wir wollen nochmal draußen unter dem Sternenhimmel schlafen.
Inzwischen ist es so warm, wir brauchen seit Tagen kein Zelt mehr.
Der Herr erzählt uns, dass er früher auch sehr viel mit Rucksack reisen war. Als wir müde vom Tag vor der Tür standen, hat er sich an sich selbst von früher erinnert, wie er sich nach einem langen Wandertag über Gastfreundschaft gefreut hat. Wer diese Gastfreundschaft genießen durfte, gibt es auch gerne an andere zurück.
Reisen macht dich offen für neue Menschen, Begegnungen und Geschichten.

Geplante vs. ungeplante Tour

Unsere Art zu reisen ist nicht das einzig Wahre. Wie du weißt, waren wir ohne geplante Übernachtungen unterwegs. Die eher verbreitetere Variante des Wanderreitens oder Säumens ist jedoch mit **geplanten Übernachtungen** in Wanderreitstationen.

Für viele tolle Reitgebiete gibt es sogar ein **richtiges Netz mit Wanderreitstationen**, zum Beispiel in der Eifel in Deutschland. Die Stationen liegen um die 25 Kilometer auseinander. Du kannst bereits im Voraus alles buchen und musst dich so jeden Tag nur um die Tagesetappe kümmern.

Nachteile der gebuchten Tour:

Es ist ein hoher Planungsaufwand im Voraus. Bei einer längeren Tour gehen feste Übernachtungen in Wanderreitstationen ganz schön aufs Budget. Mit drei Pferden und zwei Personen wären wir pro Nacht locker 50-100 € losgeworden.
Ab einer gewissen Länge ist eine Tour nicht mehr exakt planbar, zumindest bei uns nicht. Wir konnten nicht sagen, wo genau wir in fünf Wochen sind. Es reicht eine kleine Änderung, damit sich alles verschiebt. Bei einer längeren Strecke kommen auch immer wieder Regionen, in welchen es kaum Höfe oder Wanderreitstationen gibt. Unsere Strecke wäre allein mit Wanderreitstationen nicht machbar gewesen, in unseren Gebieten war das Netz nicht eng genug.

Vorteile:

Man hat keinen Stress mit dem Finden von Übernachtungen, man hat jeden Abend eine Unterbringung für das Pferd und ein bequemes Bett, Dusche und Essen. Da man zum Beispiel keinen Elektropaddock, Zelt, Isomatte und Schlafsack mitnehmen muss, spart man extrem an Gepäck. Man kann also auch ohne Packpferd und Gepäcktransfer viel reiten. Die Kleidung und der Proviant lassen sich komplett in den Horntaschen und den Hintertaschen verstauen.

Wenn du gerne so einen Wanderritt unternehmen möchtest findest du im Internet eine Menge Informationen dazu. Einfach Stichwörter wie zum Beispiel „Wanderreitgebiete Deutschland" eingeben und dich etwas durchklicken.
Für eine kürzere Tour durch ein schönes Reitgebiet, ist diese Art zu reisen einfach ein Traum. Das werden wir bestimmt auch mal machen.

Nun kommen wir zum **spontanen oder auch autarken Reisen**.
Das stellt mit Pferden eine erhöhte Schwierigkeit und eine hohe Verantwortung dar – doch es ist auch möglich.
Bevor wir losgelaufen sind, haben wir nach anderen Menschen gesucht, die auch so mit Pferden unterwegs waren. Es gibt sie und es funktioniert.

Ein Jahr vor uns waren Vroni und Steffen vom Blog „Im Sattel ans Meer" sechs Monate und ca. 1800 Kilometer unterwegs. Simone und Valeska, zwei gute Freunde von uns, sind mit drei Pferden von Bayern bis an die Nordsee gelaufen und geritten. Die beiden hatten nicht einmal einen Elektrozaun dabei, waren also wirklich darauf angewiesen, feste Übernachtungen zu finden! Am Ende des Buches vermerken wir nochmal alle Namen und Seiten, die uns inspiriert und bei der Vorbereitung geholfen haben.

Geplante vs. ungeplante Tour

Nachteile des spontanen Reisens:

Es benötigt einiges an Vorbereitung und viel (und zum Teil teure) Ausrüstung.
Diese Art zu reisen ist nicht für jeden geeignet!
Du brauchst eine hohe Flexibilität, Belastbarkeit und Lust auf Abenteuer. Du musst bereit sein, aktiv auf Menschen zuzugehen und gerne Unterhaltungen (in einer Fremdsprache) zu führen.
Außerdem stellt es ein erhöhtes Risiko für Unfälle und Verletzungen dar. Die Pferde sollten psychisch sehr belastbar sein, gut mit Veränderungen klarkommen und sicher im Stromzaum bleiben. Mit einem einzelnen Pferd würden wir nicht in dieser Form über eine längere Zeit reisen, da die Pferde durch die ständige Veränderung sehr viel Sicherheit aus dem gemeinsamen Reisen mit der Herde ziehen. (Natürlich gibt es immer Ausnahmen.)

Vorteile:

Die Übernachtungen sind meist günstig oder kostenlos, auf lange Sicht ist es auf jeden Fall günstiger. Du kannst deine Strecke jederzeit ändern, einen Pausentag einlegen oder was auch immer du gerade tun möchtest. Du bekommst besondere Begegnungen und Erlebnisse geschenkt. Gerade für einen längeren Zeitraum unterwegs zu sein, macht sehr viel mit dir. Du bist kein Tourist, sondern ein Reisender und erlebst das Land nochmal ganz anders.

Unser Fazit:

Es schadet nicht, erstmal klein anzufangen. Ein Jahr vor unserer großen Tour sind wir vier Tage mit unseren Pferden gelaufen/geritten. Wir hatten sehr provisorische (und ziemlich wenig) Ausrüstung dabei. Übernachtet haben wir zum Teil auf Gartenpolstern auf dem Boden. Das ist schon mal ein guter Check, ob das zu einem passt oder nicht.

Jede Art zu reisen ist richtig. Mach einfach das, worauf du Lust hast und was gerade für dich umsetzbar ist. Nicht immer im Leben ist Zeit dafür, auch der Ausbildungsstand und das Alter des Pferdes müssen passen.

Wenn du jetzt noch keine Ahnung hast, wie du es konkret umsetzen kannst - das ist kein Grund, den Traum komplett aufzugeben.
Unser Traum ist jahrelang gereift. Erst dann waren wir alt genug, hatten die Zeit und die Pferde, um wirklich zu starten. Wenn es jetzt noch nicht geht, deine Zeit wird kommen.
Auch kleine Touren können wunderschön sein.

„Route gesperrt."

„Das gilt doch nicht für uns, oder?"

Jungpferd mit auf Tour – würden wir es wieder tun?

Wir hatten zwei sehr unerfahrene Pferde dabei. Es war spannend, ihre Entwicklung während dieser Tour mitzuerleben.

Doch würden wir es wieder tun?

Wir haben Feenja und Don so gut wie möglich auf die Tour vorbereitet. Wir sind nur mit den beiden gestartet, weil kein akutes Sicherheitsrisiko mehr bestanden hat. Stromzaun, Gepäck, Straßenverkehr - das haben wir wochenlang geübt und getestet.

Obwohl es unter guten Bedingungen geklappt hat, war es noch nicht so gefestigt. Das wird zum Beispiel mit dem Sattel deutlich: Ich konnte Don ohne Probleme mit einer Pappkiste unter dem Bauch in der Halle longieren.
Während der Tour ist mehrmals der Sattel samt Packtaschen unter den Bauch gerutscht: Von losschießen bis anhalten und fressen war alles dabei. Seine Reaktionen waren sehr unterschiedlich, meistens war das wetterabhängig und ob er gerade eher müde oder aufgeregt war. Komplett in Panik war er nie. Die Übung hat sich ausgezahlt, aber es war trotzdem jedesmal ein Ereignis, das auch hätte schiefgehen können.

Bei Estella wiederum ist diese Situation komplett gefestigt. Oft haben wir erst nicht gemerkt, wenn etwas schief hängt, weil sie ganz normal im Schritt weiterläuft. Das fällt erst beim Blick nach hinten auf. Da sie nach all den Jahren ein hohes Grundvertrauen hat, kann sie auch mit Extremsituationen besser umgehen. Sie verzeiht auch den einen oder anderen Fehler.

Wir haben die Anforderung an Don und Feenja im Training schrittweise gesteigert, sodass es gar nicht erst zu einer kompletten Überforderung kam.

Während einer Tour kann jedoch alles zusammenkommen und auf die einzelnen Befindlichkeiten kann nicht so viel Rücksicht genommen werden. Als beide Pferde größtenteils anbindesicher waren, haben wir sie eines Tages kurz vor einem heftigen Schauer angebunden, während wir unser Lager aufgebaut haben.
Feenja hat sich dabei losgerissen, weil sie mit dem Gefühl festgebunden zu sein, in dieser Situation nicht klarkam. Danach mussten wir bei dem Anbinden wieder ganz von vorne anfangen. Dieses eine Erlebnis kann Mensch und Pferd im Trainingsprozess stark zurückwerfen.

Bei Don wiederum hat sich ein positives Anbindeerlebnis ans nächste gereiht. Aus einem Pferd, welches wir nicht mal zehn Sekunden unbeaufsichtigt alleine stehen lassen konnten, um das Pad aus der Sattelkammer zu holen, wurde ein Pferd, das eine Stunde angebunden ruhig stehen kann.

Was wir damit sagen möchten: *Es kann schiefgehen und es kann gutgehen.*

Ein nicht zu unterschätzender Punkt ist jedoch die mentale Anstrengung und die starke Reizüberflutung. Unserer Erfahrung nach sollte ein Pferd (egal welchen Alters) charakterlich gefestigt sein, bevor man auf so eine Reise geht.

Feenja war beim Start zwar noch nicht sehr weit ausgebildet, ist aber mit ihren neun Jahren ein charakterlich gefestigtes Pferd. Diese Tour mit ihr zu unternehmen war der Schlüssel, um ihr Vertrauen zu gewinnen. Sie hat dadurch ein größeres Selbstbewusstsein entwickelt und war beim Wandern voll in ihrem Element.

Jungpferd mit auf Tour – würden wir es wieder tun?

Bettina

Don ist mit seinen vier Jahren noch recht jung. Während der Tour hatten wir das Gefühl, dass er große Fortschritte macht, er ist viel entspannter und sicherer geworden. Es war kein Problem, ihn im Gelände zu reiten und sogar in einer Gruppe zu galoppieren. Auch danach konnte ich mit Don zwei Stunden alleine spazieren gehen und das Vertrauen ist extrem gewachsen. In brenzligen Situationen konnte ich ihn nun viel besser einschätzen und er hat meiner Leitung vertraut.

Trotzdem würde ich ihn im Nachhinein nicht mehr auf so eine lange Tour mitnehmen, nicht in diesem Stadium seiner Ausbildung und nach einer so kurzen Zeit in Deutschland. Bei einem jungen, verspielten Pferd kann so eine hohe körperliche und mentale Belastung auch etwas zerstören.

Der Prozess war schleichend, aber neben den positiven Aspekten kamen auch negative dazu. Durch das „wir müssen weiter, auch wenn wir schon alle müde sind" hat er viel von seinem „Go" verloren. Wenn ich mir die Videos von davor und nach der Tour anschaue, ist der Unterschied deutlich zu erkennen. Für die gleiche Geschwindigkeit muss ich ihn viel mehr antreiben und er zeigt dabei deutliche Zeichen von Unwillen.
Was das angeht haben wir ein halbes Jahr gebraucht, um wieder zur gleichen Lauffreude zurückzukommen. Ich habe mein komplettes Training umgestellt und ihm zwischendurch viel Pause gelassen, sodass er die Freude am Vorwärts wieder finden konnte.

Ich teile diesen Punkt so ehrlich mit dir, dass du besser einschätzen kannst, inwiefern dein Pferd bereit ist.
Was ich persönlich daraus gelernt habe: Desensibilisierung durch eine starke Überflutung von Reizen und der daraus entstehenden Gewöhnung das Pferdes auf die Reize, bringt keine langfristigen Erfolge.

Deutlich effektiver ist es, wenn das Pferd durch kleine Erfolgserlebnisse ein immer größeres Selbstbewusstsein in seine eigene Stärke bekommt. Hat es gemeinsam mit dir schon viele Ängste überwunden, dann wird es auch weitere überwinden können.

Erst wenn ihr da eine Grundbasis geschaffen habt, ist das Pferd mental in der Lage, mit schwierigeren Situationen klarzukommen und sich auch danach wieder zu entspannen.

Don ist sehr sensibel und lässt sich trotz seiner Angst zu vielen Dingen überreden. Erst mit der Zeit konnte ich ihn besser lesen und verstehen und habe gemerkt, wie leicht es bei ihm zu einer Überforderung kommt. Inzwischen achte ich sehr darauf, nicht über seine Grenze zu gehen.

Nicht jedes Pferd ist zu jedem Zeitpunkt mental bereit, auf eine längere Reise zu gehen.

Ich möchte dir hiermit keine Angst machen, loszugehen. Die positiven Erfahrungen überwiegen eindeutig. In vielen Aspekten haben unsere Pferde von der Tour profitiert, insgesamt waren danach alle drei Pferde durch die ganzen Berge körperlich und geistig sehr fit.

Steigere die Ansprüche an dein Pferd von kürzeren zu längeren Touren. Dann wirst du spüren, was ihr zusammen schaffen könnt.

Ein Kirschtraum

La petite-pierre - Waldhambach

"Manchmal ist es ein wehmütiges Gefühl, sich von so lieben Menschen zu verabschieden – mit dem Wissen, dass wir sie wahrscheinlich nie wiedersehen werden."

Bettina

Die letzten Tage unserer sechswöchigen Tour fühlen sich unwirklich an. Nach all der Zeit kann ich kaum glauben, dass es jetzt schon bald vorbei ist. Am Morgen unserer Übernachtung in „La Petite-Pierre" (das Dorf sieht so aus, wie es klingt) werden wir ins Haus eingeladen, zum Frühstück bei klassischer Musik. Das ist wohl das stilvollste Frühstück unserer gesamten Tour. Von dem friedvollen Aufenthalt hier fühlen wir uns erholt und voller neuer Energie. Für die Enkel machen unsere Gastgeber noch ein Beweisfoto von den Pferden vor dem Haus. Dann geht es los.

Manchmal ist es ein wehmütiges Gefühl, sich von so lieben Menschen verabschieden zu müssen – mit dem Wissen, dass wir sie wahrscheinlich nie wiedersehen werden. Doch es sind schöne Begegnungen. Für die Menschen ist so ein Besuch ein Ausflug aus dem Alltag in eine andere Welt, für uns ist jede Übernachtung ein neues Zuhause.

Der Tag ist geprägt von schönen Wegen und einer eher stressigen Mittagspause. Kaum hat man sich gemütlich hingesetzt, wollen sich unsere Pferde mitsamt Sattel und Packtaschen wälzen. Hat man Estella erfolgreich davon abgehalten, wälzt sich Feenja in der Zeit genüsslich auf dem Essen (?!?!). Wir machen ein Beweisbild von den zerbeulten Dosen. Den Test haben sie bestanden, immerhin ist der Inhalt noch drin.

Wir freuen uns schon, als wir den Schildern zu einem Reiterhof folgen. So gut wie der ausgeschildert ist, muss das ja eine große Anlage sein. Doch schon bevor wir ihn erreichen, sehen wir lauter leere Koppeln. Auch auf dem Hof herrscht pure Stille. Sind die alle ausgewandert?

Ich sehe mich etwas auf dem Geisterhof um. Es ist kein einziger Mensch zu sehen, obwohl die Anlage top in Schuss ist. Nur ein altes Pferd läuft frei auf dem Hof herum und will gleich Freundschaft mit unseren Pferden schließen.
Hier können wir nicht bleiben, ohne zu fragen. Das alte Pferd ist anscheinend anderer Meinung und will seinen neuen Kumpels gleich in den Wald folgen. Nein Freundchen, das geht leider nicht ...

Um zwanzig Uhr lichtet sich der Wald wieder, und wir stehen vor einem Traum von einem Kirschbaum! Anscheinend werden die Kirschen nicht gepflückt, das lädt natürlich zu einem Zwischenstopp ein. Von Tanja ist bald nicht mehr viel zu sehen, mit der Vesperbox hat sie sich sofort den Baum hochgeschwungen. Schon mal Reis mit Kirschen gegessen?
Das wollen wir als nächste Mahlzeit probieren.

Ich bin erstaunt, wie entspannt wir sind. Besonders, wenn ich mich an unsere Anfänge erinnere, wo wir um 15 Uhr schon Stress bekommen haben. Jetzt stehen wir bis halb neun bei einem Kirschenbaum.
Doch wir haben einfach das Vertrauen, dass wir etwas finden werden.

Im nächsten Dorf erblicken wir eine große Ferme (Hof) mit unglaublich vielen Schafen. So schön wie die es haben, sind das bestimmt nette Leute!
Von den Mitarbeitern werden wir etwas seltsam angeschaut, als wir mit den Pferden auf den Hof laufen. Wir sprechen einen Mann an, der einen netten Eindruck macht. Inzwischen kennen wir unsere Frage bereits auswendig. Der Arbeiter meint, dass der Chef das entscheiden muss, aber der ist gerade außer Haus. Wir stehen ein bisschen unentschlossen da. Der Mann erreicht den Chef nicht, meint aber, wir sollen einfach trotzdem hier bleiben. Er ist ganz begeistert von den Pferden und erzählt uns, er wollte auch schon immer mal reiten.

Damit der Chef keinen Schock bekommt, schreibt er ihm eine SMS. Wie die genau aussah, hat der Bauer uns am Morgen vorgelesen. Wir mussten alle so lachen. *„Zwei Mädchen aus England sind von Deutschland mit den Pferden nach Frankreich gelaufen. Sie werden hier übernachten."*
Bei unglaublicher Abendsonne bauen wir auf und fallen umgeben von blökenden Lämmern in einen tiefen Schlaf.

BEGEGNUNGEN MIT MENSCHEN

Hattet ihr keine Angst, so alleine unterwegs zu sein? Das wurden wir immer wieder gefragt. Ehrlich gesagt, nein.

Du hast unsere Reisegeschichte bis hierhin miterlebt – wir haben sehr viele offene und hilfsbereite Menschen getroffen. Dort wo wir unterwegs waren, hatten wir nie Angst, beklaut oder überfallen zu werden. Auf Wanderwegen sind uns viele nette Wanderer und Mountainbiker entgegengekommen, die sich Zeit für eine kleine Unterhaltung genommen haben.

Ein paar Monate vor unserer Reise waren wir frühmorgens (nach einer Fernbusnacht) in der großen Stadt Lyon. An diesem Morgen haben uns mehr betrunkene und zwielichtige Gestalten angesprochen, als in den sechs Wochen unserer Reise mit den Pferden.

Wir waren einfach viel auf dem Land, in der Natur und in Dörfern unterwegs – jeder kennt jeden, man hilft sich gegenseitig. Es ist nicht so viel los, darum freuen sich die Menschen über interessanten Besuch und Reisegeschichten.

Natürlich haben wir auch auf unser Gefühl gehört, und nicht einfach überall geklingelt. Ein bisschen aufpassen sollte man schon.
Bei manchen Häusern waren Kinderspielzeuge im Garten, oder sie hatten auch Tiere, die sehr gut gehalten wurden. Da hatten wir ein gutes Gefühl, dass das auch vertrauenswürdige Menschen sind.

Wir haben auf unserer Reise einen interessanten Einblick in die Kultur des Landes erhalten.
Mit unserem Französisch waren wir manchmal etwas limitiert und konnten hauptsächlich einfache Fragen über das Leben und den Alltag stellen, doch das war nicht weniger spannend!
Es kostet etwas Überwindung in ein Land zu gehen, wo die Sprache mitunter eine Hürde sein kann. Doch die Fortschritte in unserem Französisch waren enorm und wenn man sich verstehen möchte, dann klappt das auch.

Da wir in einem Gebiet unterwegs waren, wo vor 80 Jahren noch Krieg zwischen Deutschland und Frankreich geherrscht hat, hatten die Franzosen nochmal einen anderen Bezug zu Deutschland.

Besonders die älteren Menschen haben sich sehr gefreut, dass junge Menschen aus Deutschland ihre Sprache lernen und in Freundschaft kommen. So wird das Band zwischen den Ländern gestärkt.

Wir haben nie nach viel gefragt, uns hat bereits eine Wiese und Zugang zu frischem Wasser gereicht. Doch immer wieder wurden wir zum Abendessen ins Haus eingeladen, mitten in die Familie. Die kleinen Kinder haben uns ihre Spielsachen gezeigt, uns wurde gesagt, wir sollen uns wie zu Hause fühlen.
Natürlich wurden wir auch häufiger auf der Straße angesprochen, mit drei Pferden fällt man auf. Die Kinder wollten dann meistens unser „Feen-Pony" Feenja streicheln.

Je nach Land und Region sind die Menschen anders. Gerade auch diese Veränderung hautnah mitzuerleben, ist einfach spannend.

Die Begegnungen mit Menschen sind mit eine der schönsten und prägendsten Erfahrungen so einer Reise. Wenn du dafür offen bist, entstehen wirklich tolle Gespräche und Erlebnisse.

„Ich hab dich lieb."

„Bist du verrückt?"

Vom Jura bis in die Nordvogesen

Waldhambach – Diemeringen

Bettina

Unsere letzte Etappe ist so kurz, dass es schon peinlich ist.
Nach einem wirklich lustigen Frühstück mit dem Bauern und ein paar seiner Mitarbeiter brauchen wir irrsinnig lange zum Packen. Irgendwie können wir uns heute nur im Schneckentempo bewegen.

Als wir gerade losgehen wollen, fragt uns der nette Bauer, ob wir auch noch zum Mittagessen bleiben wollen. Das Angebot ist in der Tat verlockend, aber die Pferde sind gesattelt und abreisebereit. Auch wir wollen los.

Es ist schwül, und nach einer Weile machen wir eine ewig lange Mittagspause. Uns ist es allen nach Schlafen. In dem Moment, in dem wir wieder aufbrechen wollen, fängt es (natürlich) an zu gewittern. Wir kommen gerade mal 200 Meter weit, bevor es richtig anfängt zu schütten. Wir stellen uns unter, warten ab.
Es hört lange nicht auf und im leichten Regen laufen wir los. Immer wieder wird es richtig heftig und wir hangeln uns sozusagen von Vordach zu Vordach. Google Maps zeigt mir einen Reitstall in der Nähe an, da wollen wir unser Glück versuchen. Bei so einem Regen ist eine feste Übernachtung Gold wert.

Bei dem Reitstall ist niemand, den wir fragen können. Immerhin stehen hier Pferde, die müssen ja von jemandem versorgt werden. Wir warten unter einem Dach, denn bei so einem Regen zu laufen macht sowieso nicht viel Sinn. Wir machen ein paar Anbindeübungen mit Feenja, um die Zeit wenigstens so zu nutzen. Da wir sie nur noch während Übungssituationen unter Aufsicht angebunden haben, ist es schon viel besser geworden.

Irgendwann wird uns das Warten zu doof, und ich frage den Nachbarn nach der Besitzerin des Hofes. Er zeigt mir ihr Haus.

Eine Frau öffnet, sie macht einen sehr netten Eindruck.
Wir bekommen einen wunderschönen kleinen Offenstall mit Weide für die Pferde und dürfen uns eine Box für uns aussuchen. Es ist unser absoluter Traumstall! Eine geniale Anlage mit großem Platz mit Hindernissen und einer Halle und es ist einfach kein Mensch da.

Die Besitzerin erzählt uns, dass sie früher mal einen Reitbetrieb mit 30 Pferden hatte. Sie hat ihn jedoch aufgelöst und hat jetzt nur noch ihre eigenen.

Wir beschließen, hier nochmal einen Tag zu verbringen. Es ist ein friedlicher Ort.
Obwohl wir so viel im Schritt durch die Natur gelaufen sind, ist jedes Mal auf dem Reitplatz ein großer Fortschritt zu spüren. Dinge, die beim letzten Mal noch nicht geklappt haben und wir in Zwischenzeit nie geübt haben, gehen einfach! Es macht so Spaß mit den Pferden und wir haben eine enge Beziehung bekommen.

Dieser schöne Hof ist nun unser Ziel. Er ist nicht spektakulär, aber super gemütlich und unseren Pferden geht es gut. Wir haben den Spruch „Der Weg ist das Ziel" sehr wörtlich genommen.

Zwei Tage später

Wir werden abgeholt. Es ist schön, die Familie wiederzusehen und von den Erlebnissen zu erzählen. Wir können es kaum realisieren, dass dieses Abenteuer nun vorüber ist - es fühlt sich nicht wie ein Ende an.
Diese Erinnerungen sind nun ein Teil von uns.

Wir haben am eigenen Leib erfahren, was alles möglich ist …
mit vollem Einsatz, Vertrauen ins Leben und in die Pferde.

Wir genießen die Aussicht von „La Tête du Coquin".

Drei Gefährten auf den Landstraßen der Vogesen.

Gemeinsamer Morgenschlaf und tiefes Vertrauen.

Erinnerungen an eine andere Zeit.

Der Blick von „Le Donon".

Ein absolutes Naturparadies. Das war einer unserer liebsten Orte.

Eine Ruine, die man mit Pferd begehen kann. Wow!

Verdienter Feierabend in den letzten Sonnenstrahlen.

Unsere Strecke

Wie viele Kilometer haben wir nun tatsächlich zurückgelegt?
Das ist auch für uns eine spannende Frage. Wir haben das nachträglich in Google Maps modelliert.

Wir nehmen hierfür die Kilometeranzahl für Fußgänger und legen 20% für Umwege, Waldwege und Einkäufe oben drauf.

Woche	Pausentage	Wochenkilometer (km)	Tagesdurchschnitt (km) der gelaufenen Tage
1	2	60	12
2	1	77	13
3	2	67	13
4	1	96	16
5	1	86	14
Letzten vier Tage	1	30	10

Aus dieser sehr ungefähren Darstellung ergeben sich 416 km Gesamtstrecke. Wow, wir sind stolz auf uns und vor allem auf die Pferde!

Für einen Distanzreiter mag das nicht viel sein. Unser Fitnessprogramm fängt jedoch bereits vor dem Losgehen an. Ein gesamtes Lager wird täglich aufgebaut und wieder abgebaut. Unsere komplette Strecke, unsere Einkäufe und Übernachtungen haben wir unterwegs organisiert. Mit Kochen, Waschen, Reparieren, Pferde versorgen, Wandern und Schlafen bleibt keine Zeit für Langeweile.

Deutschland

Frank - reich

• Saarbrücken

Diemeringen

• Stuttgart

Crosey - le - Petit

• Basel

• Dijon

Schweiz

Die Tage danach

Bettina

Wir sind nun mit den drei Pferden in der schönen Eifel, wo wir ein paar Wochen bleiben werden. Dreimal am Tag werden wir bekocht, wir haben schöne Betten und müssen uns keine Gedanken machen, wo wir heute Nacht schlafen werden. Am Anfang hatte ich tatsächlich das Bedürfnis, einfach auf dem Boden zu schlafen.
Die Härte fühlt sich vertraut an. Luxus ist fremd.

Die Pferde stehen morgens am Koppelausgang, als würde es jetzt gleich losgehen. Wir haben das Gefühl, sie wissen mit so viel freier Zeit gar nichts anzufangen.

Wir haben gemerkt: Eigentlich braucht ein Mensch gar nicht so viel zum Überleben. Viele Dinge in unserem Leben sind purer Komfort, aber es geht auch ohne. Es hat Zeit gebraucht, bis wir wirklich im harten Wanderleben angekommen sind. Doch sich wieder an Luxus zu gewöhnen geht schnell – bei Mensch und Pferd. Nach wenigen Tagen stehen die Pferde wieder friedlich dösend auf der Koppel. Trotzdem holen wir sie mehrmals am Tag raus, ein Pensum, das uns allen nach der Tour als wenig erscheint. Aber so können wir alle schrittweise wieder zurück ins sesshafte Leben finden.

Wir sind alle verändert. Ich habe mich entschieden, dass Don bei mir bleiben wird. Mit ihm zu laufen hat sich einfach natürlich angefühlt. Ich weiß, dass wir diesen Zustand von Entspannung und Vertrauen im täglichen Umgang nicht immer werden halten können – doch die Tour hat mir gezeigt, dass dieses Gefühl da ist.

Tanja und ich kennen uns bereits seit zehn Jahren und haben Höhen und Tiefen zusammen durchlebt. Diese Tour war jedoch nochmal eine neue Erfahrung für uns als Team und hat uns noch stärker gemacht.

Solche Menschen finden wir nicht oft im Leben. Einen Menschen, mit dem man lachen kann, bis die Tränen kommen. Auf den man sich in jeder Situation verlassen kann und der dich ohne Worte versteht.
Ich bin sehr dankbar für diese besondere Freundschaft und für die Träume, die wir gemeinsam zum Leben erwecken.

Ich wünsche mir, das Staunen für all die kleinen Wunder auch weiterhin zu behalten. Es war ein besonderer Moment, als wir uns für den längeren Weg entschieden haben, der durch die Berge führt.
Es sind nicht die Kilometer, die zählen, sondern wie wir den Weg erlebt haben.
Am Anfang habe ich wilde Himbeeren am Wegrand gesehen, aber mir nicht die Zeit genommen, stehenzubleiben und sie zu pflücken. Ganz nach dem Motto „Wir müssen weiter, damit wir heute noch was schaffen".
Doch es sind die Himbeeren am Rande, die den Weg versüßen.
Die Zeit, die wir uns nehmen, ein Schwätzchen zu halten.
Ein Moment der Stille, nur für uns.

Es wird dauern, bis ich das alles verarbeitet habe. Was wir erleben durften, kommt mir wie ein Wunder vor.

Abschied von Feenja

Tanja

Kurz vor der Versteigerung von Feenja beim Event kommen mir noch einmal viele wunderschöne Erinnerungen hoch. Mit halb geschlossenen Augen steht Feenja neben mir und ich fühle Dankbarkeit.

Mir schießen Gedanken in den Kopf.
Die ersten Tage nach ihrer Ankunft, misstrauische Blicke und dann ... die erste Berührung. Irgendwann konnte sie sich auch in meiner Nähe entspannen, doch ich wusste: Bis ich ihr Vertrauen wirklich gewinne, wird noch eine lange Zeit vergehen.

Für mich war es spannend, meinen kleinen Wildling Feenja auf der Reise auszubilden und richtig kennenzulernen.

Erst hier haben sich ihre Stärken so richtig herauskristallisiert.
Jeder Mustang in Amerika hat seine Aufgabe in der Herde.
Diese Aufgabe bringt er mit nach Deutschland.
Feenja war schon sehr oft Mama. Man sieht ihr körperlich an, dass sie schon mehrere Fohlen hatte, jedoch hat das auch ihre Persönlichkeit geprägt. Sie hat etwas sehr Beschützendes an sich.
Sie war es, die die Kinder immer als erste streicheln wollten.

Nach fünf Wochen Vorbereitung haben wir uns auf den Weg nach Frankreich gemacht. Je länger wir gemeinsam unterwegs waren, desto näher und vertrauter wurden wir uns.
Die „Blase", welche sie anfangs um sich trug, hat sich nach und nach aufgelöst. Ich durfte ihr die Menschenwelt zeigen, wir sind über Autobahnbrücken, durch Tunnel und an großen Straßen entlanggelaufen. Später hat sie mich sogar auf ihren Rücken gelassen und ich habe mich selten auf einem Pferd so sicher gefühlt.
Manchmal lag sie morgens im Paddock und ich habe mich langsam zu ihr gesetzt. Ihr Vertrauen ist ein großes Geschenk.

Auch nach dem Ritt durften wir noch die letzten drei Wochen vor dem Event gemeinsam verbringen. Hier habe ich sie vermehrt auf dem Platz trainiert und sie auf verschiedene Aufgaben vorbereitet. Unsere gemeinsamen Spaziergänge und Ausritte blieben natürlich nicht aus. Die letzten Tage bin ich mit ihr vor mehreren tausend Menschen aufgetreten. Was für ein Kontrastprogramm!

Von ihr habe ich auf der Reise eine sehr wichtige Sache gelernt:
Jedes einzelne Pferd trägt Stärken in sich, welche sie zu einzigartigen Persönlichkeiten machen. Diese gilt es zu finden und zu sehen.

Zuhause war es manchmal schwer für mich, ruhig zu bleiben.
Wenn Feenja sich unwohl fühlt, geht sie einfach weg. Sie ist oft vor mir weggelaufen, wochenlang. Das löst Frustration aus, warum kann es nicht einfach funktionieren?
Während der Tour habe ich sie wirklich kennengelernt und ihre friedliche Art der Kommunikation zu schätzen gelernt. Als ich ihr Wesen verstanden habe und mit ihr zusammen arbeiten konnte, ist sie für mich über viele Schatten gesprungen und die Fortschritte waren enorm.

Gleich fällt der Hammer der Auktion und sie wird versteigert werden. Die Ungewissheit, wo sie hinkommen wird, ist der Preis, den ich für die Zeit mit ihr zahle. Sie hat mir nie gehört und das war von vorneherein die Abmachung. Doch ich weiß, dass sie zu jemand anderem gehört. Meine Aufgabe war es, sie auf ihr Leben in Deutschland vorzubereiten. Mein Anspruch an mich war, ihr hier den bestmöglichen Einstieg zu geben.

Nun heißt es für uns Abschied nehmen.
Ein Kapitel endet, das nächste beginnt.
Danke dir, Feenja.

Ein paar Wochen später...

Wir haben die Möglichkeit, Feenja zu besuchen. Sie hat einen tollen Platz und einen tollen Menschen gefunden. Wir sehen sie auf einer großen Wiese mit ihren Pferdefreunden spielen und sind sehr glücklich. Die Reise geht weiter.
Für Feenja ist es kein Ende, sondern ein neuer Anfang.

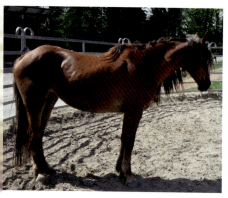 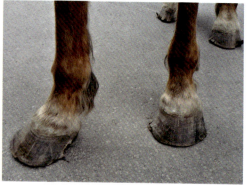

Feenja bei ihrer Ankunft. Sie war körperlich in einem schlechten Zustand.

Durch tägliches Pflegen und Aufpäppeln gewinnt sie ihre Lebenskraft zurück.
Hier lernt sie ihr neuen Freunde kennen.

Hufpflege kurz vor der Abfahrt.
Feenja macht das wie ein Profi, wir sind sehr stolz auf sie.

Während der Tour fängt Feenja an, uns wirklich zu vertrauen. Ihr Blick verändert sich, sie wird offener und sucht jetzt die Nähe des Menschen.

Feenja direkt nach unserer Tour. Sie hat währenddessen an Gewicht und Muskeln zugenommen.

Diese Bilder sind von ihrer neuen Besitzerin.
Ein wunderschöner Ort. Feenja ist zu Hause angekommen.

Im Rückblick

"Der Ritt hat uns gezeigt, dass es auch mit Pferden möglich ist, spontan zu reisen und keine Tour geplant zu haben"

Tanja

Keine feste Route, genauso wollten wir es. Wie sagt man so schön?
Der Weg ist das Ziel.
Wir waren sehr unabhängig unterwegs, hatten alles dabei was wir brauchen. Jeden Morgen haben wir entschieden, wohin wir heute laufen werden. Es ist ein Gefühl der Freiheit, aber auch der Verantwortung.

Ich empfinde eine noch viel größere Wertschätzung gegenüber unseren Pferden. Sie geben uns so viel. Ohne sie wären wir nicht dieselben. Besonders dankbar bin ich dafür, dass ich dieses Abenteuer mit meiner Stute Estella erleben durfte. Das hat unser Band noch mehr vertieft.

Würde ich so eine Tour mal wieder machen?
Wann und in welcher Form ist jetzt noch unklar, doch ich weiß, es war nicht das letzte Mal.
Ich liebe Herausforderungen, das Abenteuer und die Begegnungen während einer Reise. Gleichzeitig auch die ruhigen Momente in der Natur.

Ich möchte auch dich motivieren, auf deine persönliche Reise zu gehen. Einfach mal rausgehen, etwas zu erleben und den Wissenshorizont mit deinen Erlebnissen zu erweitern. Erfahrungen und Erlebnisse kann dir niemand mehr nehmen.

Die Zeit ist gegeben und begrenzt.
Was wir aus ihr machen, liegt an uns.

Materielle Dinge gehen.
Erlebnisse bleiben.
Für immer.
Danke.

DANKSAGUNG

Ein Danke sagt manchmal mehr als tausend Worte.

Unser Dank gilt nicht nur unseren Pferden, sondern auch den Personen, die uns geduldig während dieser verrückten Aktion zur Seite gestanden sind.
Respekt, das schafft nicht jeder!

Eine feste Umarmung und ein großes Dankeschön:

An all die lieben Menschen, die uns unterwegs aufgenommen haben und uns auf dem Weg unterstützt haben.
Danke für die Gastfreundschaft, die tollen Gespräche und die schöne Zeit mit euch. Ohne euch wäre das alles nicht möglich gewesen.

An unsere hart erprobten Eltern.
Nervlich musstet ihr ganz schön was durchmachen – Danke, dass ihr uns losziehen lassen habt (trotz mancher Widerstände) und dass wir uns immer auf euch verlassen können.

An unsere verrückten & wundervollen Freunde.
Mit euch fühlen wir uns nicht ganz „ab vom Schuss".
Fühlst du dich angesprochen? Ja, wir meinen genau dich.
Danke, dass du immer für uns da bist.

An Suzie und Noreen.
Für die Inspiration im voraus und den Kick danach, das Buch auch wirklich zu schreiben. Danke, dass ihr an uns glaubt!

An diejenigen, die uns mit großem Mut ihre Ausrüstung geliehen haben.
Liebe Vroni, lieber Steffen, ihr wart unsere Retter in letzter Sekunde.
Danke für eure Unterstützung und euer Vertrauen.
Lieber Herbert, liebe Petra, liebe Daniela – eure Sättel waren unsere treuen Begleiter und haben wirkliche Abenteuer erlebt.

An Paulina & Weda mit Nocha.
Für die wunderschöne & lustige Zeit mit euch.

Einfach Danke!
An Tina, an Benjamin und unsere weiteren tollen Partner. Für eure innovativen Ideen, um die Reiterwelt voranzubringen.

Danke an Richard, Bonny und Elisabeth.
Für den tollen Austausch und die schönen Wochen bei euch.

Danke an Silke & Michael.
Für diese wundervollen Pferde.

Liebe Alina, Lea, Christina, Merle, Heike, Petra, Vroni, Isabell, Dorothee, Rolf, Christel, Inge, Margot.
Danke für eure Ausdauer. Ohne euer ehrliches Feedback wäre das Buch nicht das, was wir heute in den Händen halten dürfen.

Danke vielmals, Olivia.
Als es darauf ankam, warst du sofort zur Stelle! Danke für deinen Einsatz beim Feinschliff unseres wunderschönen Buchcovers.

Danke an unsere allerliebsten Großeltern.
Wann immer wir gerade demotiviert im Schreibprozess waren ... Dann haben wir an euch gedacht. Wie sehr ihr euch freuen würdet, unser Buch in den Händen zu halten.
Dieser Gedanke hat uns unglaublich motiviert.

*Unser letztes Dankeschön geht an **DICH**!*

Mit deinem Interesse machst du es möglich, dass wir dieses Buch schreiben konnten. Danke für deine Offenheit und deinen Mut, deinen eigenen Weg zu gehen.
So bringen wir alle gemeinsam noch mehr Farbe in diese Welt.

Inspirationen für dich

Was ist ein Wanderritt ohne Wanderpartner?

Wie finde ich Gleichgesinnte mit einem ähnlichen Traum?

Dieses Buch und deine Gedanken über dein Abenteuer sollen nicht nur ein Monolog bleiben. Darum haben wir uns entschlossen, eine Facebook-Gruppe zu erstellen, speziell für euch.

Der Beitritt zu dieser Gruppe ist natürlich freiwillig und lediglich ein Angebot. Wir freuen uns auf schöne Konversationen und gegenseitige Unterstützung.

Name der Gruppe: Merci Liberté - Spontan unterwegs mit Pferden

Passwort: TeamReisepferde

Wo du uns finden kannst:

Viele Fotos und Videos zu unserem Wanderritt und von uns und den Pferden findest du auf unseren Seiten im Internet. Scrolle dich einfach zum Sommer 2018 durch, um Berichte während unserer Tour zu finden.

YouTube: **NativeHorse**

YouTube Vlogs: **NativeHorses – on tour**

Instagram: **@nativehorses**

Facebook: **Nativehorse**

Homepage: **www.nativehorses.de**

Während unserer Planung haben wir uns viel Inspiration bei Menschen geholt, die selbst schon auf Tour waren. Hier sind einige Links dazu. (Stand Januar 2019)

www.im-sattel-ans-meer.de
6 Monate, 1800km + Infos zu Dons Packsystem

www.abenteuerreiter.de
20 Jahre mit Pferden unterwegs

www.alpentrekking.ch
Extremtrails

www.saumpferd.de
Wandern mit Pferd. Infos zum Thema Packsattel.

www.wanderpferd.de

Youtube: Norbert Wolff Baron Saumpferd

vfdnet.de
Viele Informationen zum Wanderreiten

Facebook-Gruppen zum Thema Wanderreiten:
„Wanderreiten"
„Autonomes Wanderreiten"

Buchempfehlungen:
Manfred Weick: „Mit Pferden auf Tour: Das Handbuch für Wanderreiter"

Die Bücher von Günter Wamser und Sonja Endlweber:
www.abenteuerreiter.de

„*Du kannst deine Träume nicht verwirklichen, bevor du keinen hast, mit dem du beginnst.*"
- T. A. Edison

DEIN ABENTEUER

Letztendlich geht es in diesem Buch nicht um uns, sondern um DICH. Wir wollen dich mit unserer Geschichte inspirieren, selbst in dein Abenteuer zu starten.
Außerdem wollen wir dir Werkzeuge in die Hand geben, dass du DEINE Träume in die Tat umsetzten kannst.

Der erste Schritt ist, deine Idee auf Papier festzuhalten, zu visualisieren und konkretisieren. Nehme einen Stift in die Hand und habe keine Scheu, ins Buch zu schreiben – dafür ist es da.

Tu es, wirklich. Nimm dir die Zeit für dich!

WICHTIG: Du brauchst keine große Reise unternehmen, auch eine Tagestour mit Mittagspause kann ein besonderes Abenteuer sein. Fühle dich nicht unter Druck gesetzt, du allein setzt die Grenzen.

Visualisiere auf den folgenden Seiten die Art von Reise und dein persönliches Abenteuer, welches du gerne beginnen möchtest.

„Das Geheimnis des Vorwärtskommens besteht darin, den ersten Schritt zu tun."
- Mark Twain

AN WELCHEN ORT ZIEHT ES MICH?

Manchmal haben wir einen ganz bestimmten Ort im Kopf. Sei es das Meer oder ein Gipfelkreuz. Manchmal möchten wir auch einfach los und den Weg entscheiden lassen, wohin es geht.
Du kannst gerne auch eine Skizze machen und bunte Farben benutzen.

Dein WARUM ist dein Treibstoff, welcher dich auch in herausfordernden Zeiten weitermachen lässt.

Welche Menschen und Pferde sollen mich begleiten?

Oder möchte ich lieber alleine losgehen?

In welchem Zeitraum/Zeiträumen kann und will ich losziehen?

Es ist nicht schlimm, wenn du das Datum noch nicht konkretisieren kannst.
Die Zeit wird kommen.

Definiere die Schwierigkeiten, die auftreten können. Diese lassen sich am besten lösen, wenn du ihnen ins Gesicht blickst.

Schnappe dir jetzt jedes Hindernis und schreibe dazu, wie du es überwinden kannst. Die Ideen können erst mal verrückt klingen, oder brauchen vielleicht noch Zeit, bis du sie wirklich umsetzten kannst.
Doch du wirst merken, dass es (fast) immer eine Lösung gibt.

WER KANN MICH UNTERSTÜTZEN?

Es ist schön, Menschen um einen herum zu haben, die hinter dir stehen und dich unterstützen. Vielleicht findest du auch jemanden, der dir etwas ausleiht oder dir einfach Mut macht.

Wen kennst du, egal ob im Internet oder im echten Leben, der oder die auch schon mal eine Tour mit Pferden unternommen haben?

> WELCHE SCHRITTE KANN ICH JETZT UNTERNEHMEN, UM MEINEM TRAUM NÄHER ZU KOMMEN?

Vielleicht scheint dein Traum noch meilenweit entfernt.
Doch es gibt viele Möglichkeiten, was du jetzt schon tun kannst!
Sei es mehr über Pferde zu lernen, dich mit Gleichgesinnten zu verbinden, Geld für deine Tour zu verdienen, oder eine Nacht unter freiem Himmel zu übernachten.

Es gibt so viel zu sehen und zu entdecken auf dieser Welt.

Die Zeit ist gegeben und begrenzt.
Was wir aus ihr machen, liegt an uns.

Materielle Dinge gehen.
Erlebnisse bleiben.
Für immer.
Danke.